Bert Bielefeld

# Klimagerechtes Planen und Bauen

Bert Bielefeld

# Klimagerechtes Planen und Bauen

BIRKHÄUSER
BASEL

# Inhalt

**VORWORT** _7

**EINLEITUNG** _9

**KLIMAWANDEL** _11

Klimaveränderungen _11

Übergeordnete Ziele _12

Transformation zur Klimaneutralität _16

Treibhauspotenzial _18

**RESSOURCEN- UND ENERGIEVERBRÄUCHE** _20

Energie- und Ressourcenverbrauch bei Gebäuden _20

Primärenergie _24

Graue Energie _25

Fossile und erneuerbare Energie _26

**BEWERTUNGSMETHODEN** _28

$CO_2$-Fußabdruck bzw. $CO_2$-Bilanzierung _28

Ökobilanzierung und Stoffstromanalyse _29

Weitere Bewertungsmethoden _29

Zertifizierungen _30

**KLIMASCHONENDE STRATEGIEN** _32

Nutzung von Bestandsgebäuden _32

Wertigkeit von Bestand _34

Zirkuläres Bauen _36

Rezyklierfähigkeit – Wiederverwendung _38

Urban Mining _40

Einfaches Bauen _40

Reduktion _42

Konstruktionsweise _45

Materialwahl _51

Nutzung von Technik _57

**ANSÄTZE IM PLANUNGSPROZESS** _61

Stadtplanerische Ansätze _61

Projektentwicklung und Bedarfsplanung _64

Bestandsanalyse _66

Planungsprozess _68

Bauprozess _73

Blick auf die Nutzungsphase _74

**SCHLUSSWORT _76**

**ANHÄNGE _77**
    Weiterführende Literatur _77
    Nachweise zu den Abbildungen _78
    Zum Autor _79

# Vorwort

Der exponentielle Fortschritt seit der Industrialisierung hat in den letzten 100 Jahren rund um den Globus die Lebensweise und den Lebensinhalt der Menschen revolutioniert, auch wenn dieser Fortschritt noch immer nicht alle Menschen erreicht hat. Dieses Wachstums- und Verbesserungsbestreben hat neben weitreichenden Vorteilen einen ganz entscheidenden Nachteil: Es basiert im Wesentlichen auf fossilen und planetaren Ressourcen, deren Nutzung meist nur zulasten der Natur und des Klimas möglich ist. Insbesondere die Menschen in den sogenannten Industrienationen leben seit vielen Jahrzehnten über ihre Verhältnisse und sorgen dafür, dass sich die komplizierten Zusammenhänge des Klimas und der Ökosysteme in einem rasanten Tempo wandeln. Um einen Kollaps vieler Systeme zu verhindern und den schlussendlich erreichten Entwicklungsstand der Menschheit nicht zu gefährden, ist es zwingend, das klimaschädliche Verhalten radikal zu reduzieren und Wege zu suchen, wie sich erreichte Standards möglichst schnell klimaneutral transformieren lassen.

Das Bauen und der Betrieb von Gebäuden sind in diesem Kontext eine wesentliche Stellschraube, da ein wesentlicher Teil der weltweiten Treibhausgase in diesem Bereich anfallen. Es braucht daher einen Paradigmenwechsel bei der Planung, Errichtung und Nutzung von Gebäuden. Um die Leitgedanken im Entwurf von Anfang an berücksichtigen zu können, ist ein breites Wissen über die Möglichkeiten und Ansatzpunkte eines klimagerechten Planens und Bauens notwendig. Dies umfasst neben den technischen Lösungen vor allem das Verständnis für Zusammenhänge und Ursachen. Wichtig ist es, klimabezogene Belange als integralen Bestandteil einer Entwurfsaufgabe zu begreifen und kreative Lösungsansätze jenseits der gewohnten Pfade zu finden. Der Band „Basics Klimagerechtes Planen und Bauen" bietet hierzu eine umfassende Einführung und hilft den Leser:innen, eigene kreative Ansatzpunkte und Strategien zu entwickeln.

Bert Bielefeld
Herausgeber

# Einleitung

Die Welt hat ihre Ressourcen verbraucht. Dieser einfache Satz spiegelt einen seit der Industrialisierung fortschreitenden Raubbau an den natürlichen Ressourcen wider, der zu einem anthropogenen, also menschengemachten Klimawandel geführt hat. Der Klimawandel wird viele bisherige Strukturen verändern und in Teilen auch zerstören: das Weltklima, die Ökosysteme, Wetterphänomene, Ernährungsgrundlagen und schlussendlich die Lebensgewohnheiten von uns Menschen. Deshalb steht die Weltbevölkerung, insbesondere die Bevölkerung der reichen Staaten mit hohem Lebensstandard, vor einem zwingenden und möglichst schnell zu beginnenden und umzusetzenden Transformationsprozess. Ziel der kommenden Jahre muss es sein, Gesellschaften und wesentliche Wirtschaftsbereiche zu dekarbonisieren, um die Auswirkungen des Klimawandels noch abmildern zu können.

Dem Bauwesen und allgemein dem Gebäudebetrieb kommt dabei eine Schlüsselrolle zu, denn dieser Bereich ist für rund 40 bis 50 Prozent der weltweiten $CO_2$-Emissionen verantwortlich. Ein Paradigmenwechsel beim Errichten, Umbauen bzw. Umnutzen und Betrieb von Gebäuden ist daher eine wesentliche Stellschraube neben Konsum, Industrie und Mobilität. Dabei bedarf es enormer Anstrengungen und eines grundsätzlichen Hinterfragens vieler Gewohnheiten und etablierter Strukturen. Ein „Weiter so" darf es nicht geben.

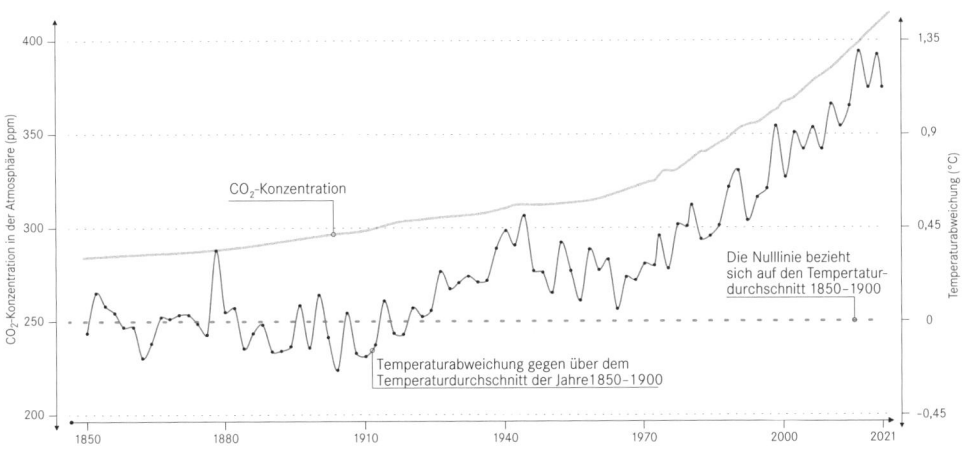

Abb. 1: Zusammenhang zwischen $CO_2$-Konzentration und Temperaturabweichung vom langjährigen Durchschnitt

Wichtig ist, dass hierbei nicht ein einzelnes Konzept zum Ziel führt. Vielmehr müssen verschiedenste Ansatzpunkte genutzt werden, um die Emissionsbelastung möglichst weitgreifend zu reduzieren. Die $CO_2$-Reduktion und die Minimierung des Ressourcenverbrauchs sind Bestandteile des gesamten Lebenszyklus eines Gebäudes und müssen während des Planungsprozesses von der Definition von Rahmenbedingungen und Bedarfen bis zur Fertigstellung durchgängig betrachtet werden.

In den folgenden Kapiteln sollen verschiedene Blickwinkel und Herangehensweisen dargestellt werden. Nachdem die grundsätzlichen Fragestellungen zum Klimawandel erläutert wurden, werden Treibhauspotenziale und Energieverbräuche von Gebäuden als Grundlage für die weiteren Kapitel vermittelt. Die Betrachtung des Lebenszyklus von Gebäuden und des Gebäudebestands als Ressource bilden dann wiederum die Grundlage für verschiedene Instrumente und Strategien zum klimagerechten Bauen. Schlussendlich findet eine prozessbezogene Betrachtung statt, die alle Planungsstufen von der Bedarfsplanung bis zur Umsetzung vor dem Hintergrund des klimagerechten Planen und Bauens beschreibt.

# Klimawandel

**KLIMAVERÄNDERUNGEN**

Das Klima wird grundlegend durch die Sonne und die auf der Erde ankommende Sonnenstrahlung bestimmt. Die Sonnenstrahlung wird teilweise von Wolken, Luftbestandteilen und der Erdoberfläche in den Weltraum reflektiert. Für ein gleichbleibendes Klima auf der Erde soll der Teil der Sonnenstrahlung, der in der Atmosphäre verbleibt, die allgemeinen Wärmestrahlungsverluste der Erde kompensieren. Kommt es hier zu Ungleichgewichten, so verändert sich der Wärmehaushalt der Erde, was in der Folge die hochkomplexen Klimasysteme durcheinanderbringt.   ○ Erdatmosphäre

Neben zyklischen Veränderungen wie der variierenden Sonneneinstrahlung und den Umlaufbahnänderungen der Erde um die Sonne prägt die Menschheit seit der Industrialisierung zunehmend die Veränderungen im Gleichgewicht der Strahlungen. Insbesondere durch das zunehmende Verbrennen fossiler Energieträger in den letzten 100 Jahren wurde die Zusammensetzung unserer Atmosphäre verändert: Es sammeln sich dort immer mehr Treibhausgase an. Gerade in den letzten 30 Jahren sind die Emissionen stark gestiegen. > Abb. 2 Treibhausgase bewirken, dass die von der Erde ausgehende Wärmestrahlung in geringerem Umfang in den Weltraum abgegeben und zur Erde zurückreflektiert wird, weshalb sich die Erdatmosphäre immer stärker erwärmt.

Dabei gibt es Systeme, die für das Gleichgewicht wichtig sind und zunächst stabil bleiben. Sobald jedoch ein Schwellenpunkt erreicht wird, werden sie sehr schnell instabil bzw. geraten in einen neuen Zustand. Dadurch kann sich die weitere Entwicklung nachhaltig verändern. Diese Kipppunkte erzeugen somit irreparable Veränderungen. Zu den Kipppunkten gehören beispielsweise der Verlust der Eisschilde an Süd- und Nordpol, die Meereszirkulation, das Auftauen der borealen Permafrostböden, das weltweite Korallensterben, die Verluste von Berggletschern und massive Veränderungen in der Vegetation wie im Amazonas-Regenwald.   ● Kipppunkte

○ **Hinweis:** Langfristige und überregionale Klimadaten sind nicht vergleichbar mit lokalen Wetterphänomenen oder variierenden Witterungen. Die Klimaforschung betrachtet Veränderungen in langen Zeiträumen von mindestens 30 Jahren und baut hierauf statistische Auswertungen und Prognosen auf. Veränderungen in bestimmten Regionen oder Zeiträumen sowie Extremereignisse entstehen teilweise durch Veränderungen in den komplexen Klimasystemen der Welt, können aber auch auf normalen Schwankungsbreiten des Wetters basieren.

● **Beispiel:** Durch die Erderwärmung schmilzt das Eis an den Polregionen sukzessive ab und Permafrostböden tauen zunehmend auf. Dies setzt derzeit dort gebundene Treibhausgase frei, die dann die Erderwärmung zusätzlich beschleunigen. Gleichzeitig kann es auch zu Kaltzonen kommen, wenn zum Beispiel der Golfstrom, der zunehmend schwächer wird, Europa nicht mehr ausreichend mit Wärme versorgt. Somit geraten viele Systeme aus dem Gleichgewicht, was unterschiedliche Wechselwirkungen haben kann.

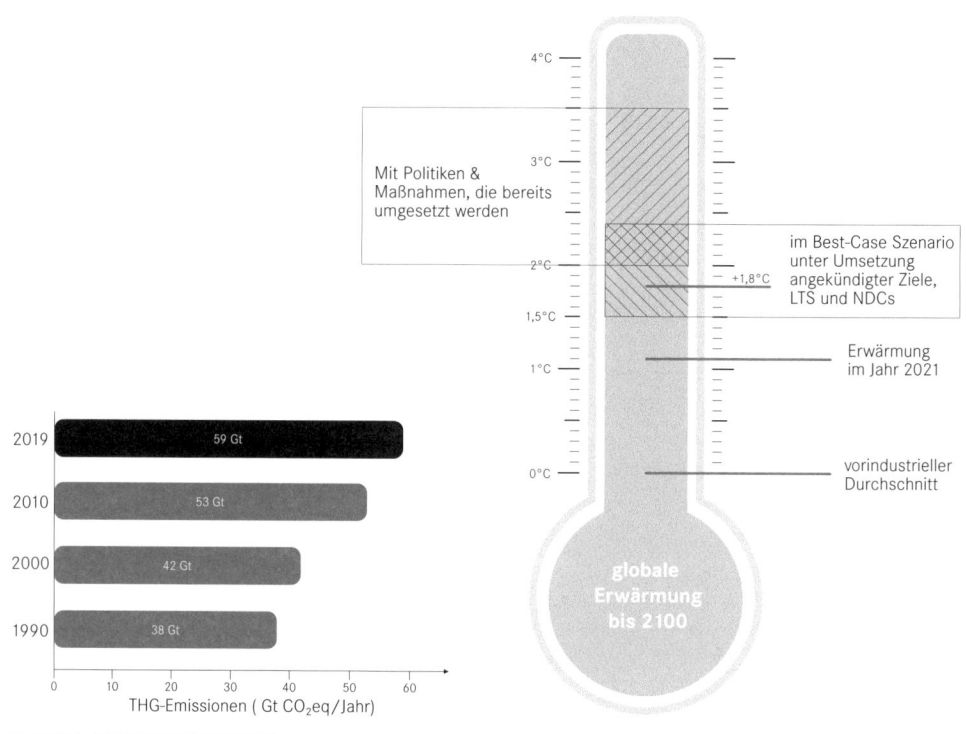

Abb. 2: Entwicklung der Treibhausgasemissionen pro Jahr in den letzten 30 Jahren

Abb. 3: Mögliche Begrenzung der Erderwärmung

Begrenzung auf 1,5 °C

Auf der UN-Klimakonferenz 2015 in Paris wurde beschlossen, eine maximale Erderwärmung von 1,5 °C anzustreben. Dieses Ziel scheint mittlerweile aufgrund fehlender durchgreifender Maßnahmen in fast allen Staaten unrealistisch zu sein. Bereits eine Erwärmung um 2 °C würde jedoch zu sehr viel größeren Problemen führen. Hierzu gehören deutlich mehr Wetterextreme wie Hitzeperioden und Überschwemmungen, größeres Artensterben an Land und im Meer, Schwierigkeiten bei der Nahrungsmittelversorgung, ein höherer Anstieg des Meeresspiegels sowie mehr unbewohnbare Gebiete und dadurch eine höhere Klimamigration.
> Abb. 3

### ÜBERGEORDNETE ZIELE

Auf Basis der in regelmäßigen Abständen stattfindenden UN-Klimakonferenzen bemüht sich die Staatengemeinschaft um einen Konsens, wie die Erderwärmung gemeinsam begrenzt werden kann. Diese Abstimmungsprozesse sind kompliziert und langwierig, da verschiedenste Inte-

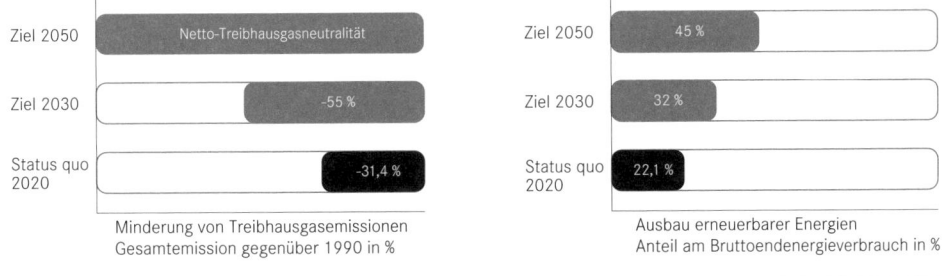

**Abb. 4: Klimaziele der Europäischen Union**

ressen und Bedarfe synchronisiert werden müssen und die soziale Abpufferung der notwendigen Transformationsprozesse je nach Region bzw. Staat sehr unterschiedliche Aspekte beinhaltet.

Die meisten Industrienationen haben sich entsprechend Ziele gesetzt, die jeweils zwischen dem dringenden Paradigmenwechsel und den Folgen für die nationale Wirtschaft vermitteln sollen. Die Europäische Union beispielsweise will ihre Treibhausgasemissionen bis 2030 um 55 Prozent bezogen auf 1990 reduzieren und bis 2050 treibhausgasneutral sein > Abb. 4. Derartige Ziele und die Strategien zur Umsetzung befinden sich weltweit in einem regelmäßigen Abstimmungs- und Modifikationsprozess, denn die notwendigen Umwälzungsprozesse greifen elementar in viele Bereiche des privaten, gesellschaftlichen und wirtschaftlichen Lebens ein.

Wichtig ist dabei, dass sich Staaten mit sehr hohem Treibhausgasausstoß auf verbindliche Reduktionsziele verständigen und Staaten, die sich noch in einer frühen Entwicklungsphase befinden oder bereits mit hohen Klimafolgen zu kämpfen haben, entsprechend breit unterstützt werden. Zu den Regionen mit den größten Treibhausgasausstößen zählen Ostasien, Nordamerika und Europa, wobei insbesondere Ostasien in den letzten drei Jahrzehnten aufgrund der starken wirtschaftlichen Entwicklung einen wesentlichen Anteil zum Treibhausgasausstoß beitrug. > Abb. 5 Bezogen auf den Pro-Kopf-Ausstoß liegt jedoch Nordamerika an der Spitze. > Abb. 6

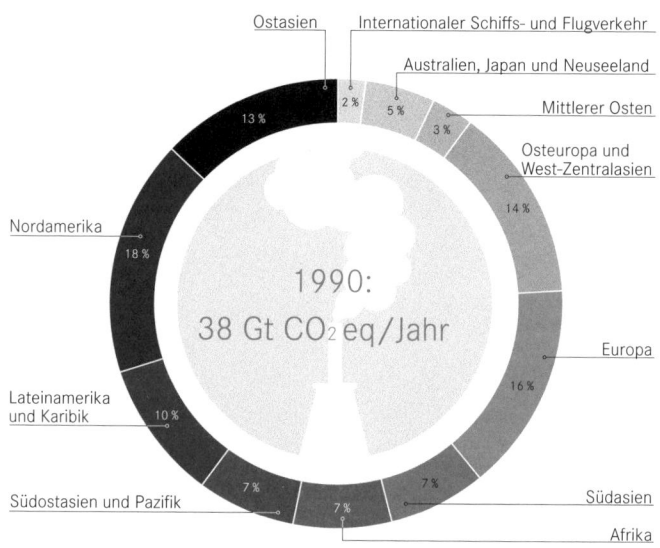

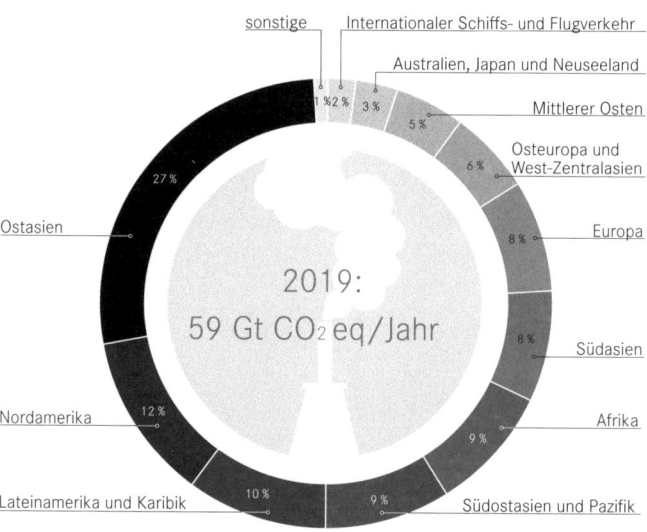

Abb. 5: Verteilung des Treibhausgasausstoßes auf die Weltregionen

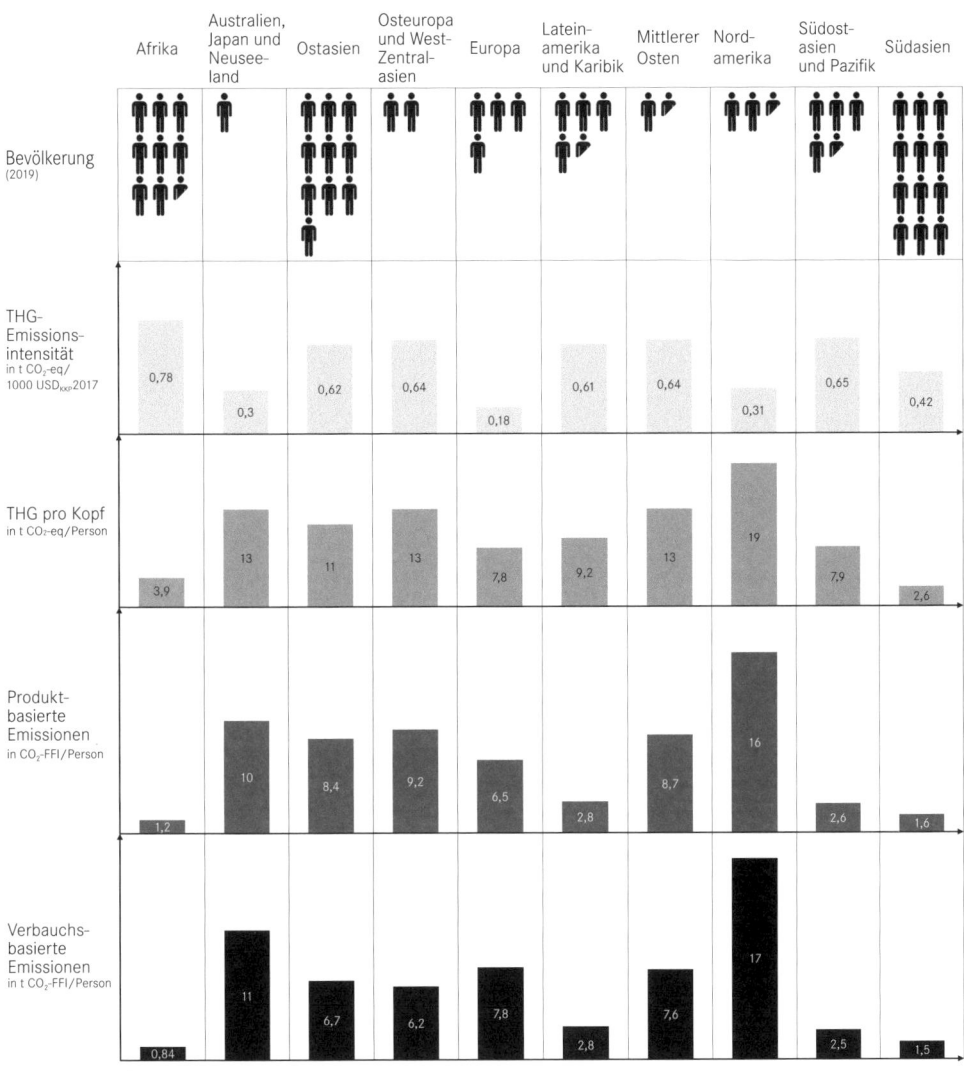

Abb. 6: Pro-Kopf-Ausstoß an Treibhausgasen

## TRANSFORMATION ZUR KLIMANEUTRALITÄT

Als der Club of Rome 1972 mit dem Buch „Die Grenzen des Wachstums" zum ersten Mal einen wissenschaftlichen Nachweis erbrachte, dass die Ressourcen unseres Planeten endlich sind und die Belastungsgrenzen perspektivisch erreicht würden, entstand daraus ein breiter wissenschaftlicher Diskurs. Allerdings erzeugte dies keine spürbaren Veränderungen im Umgang mit den Ressourcen des Planeten, sodass wir in vielen Bereichen die Belastungsgrenzen bereits überschritten haben und irreparable Schäden entstanden sind. > Abb. 7

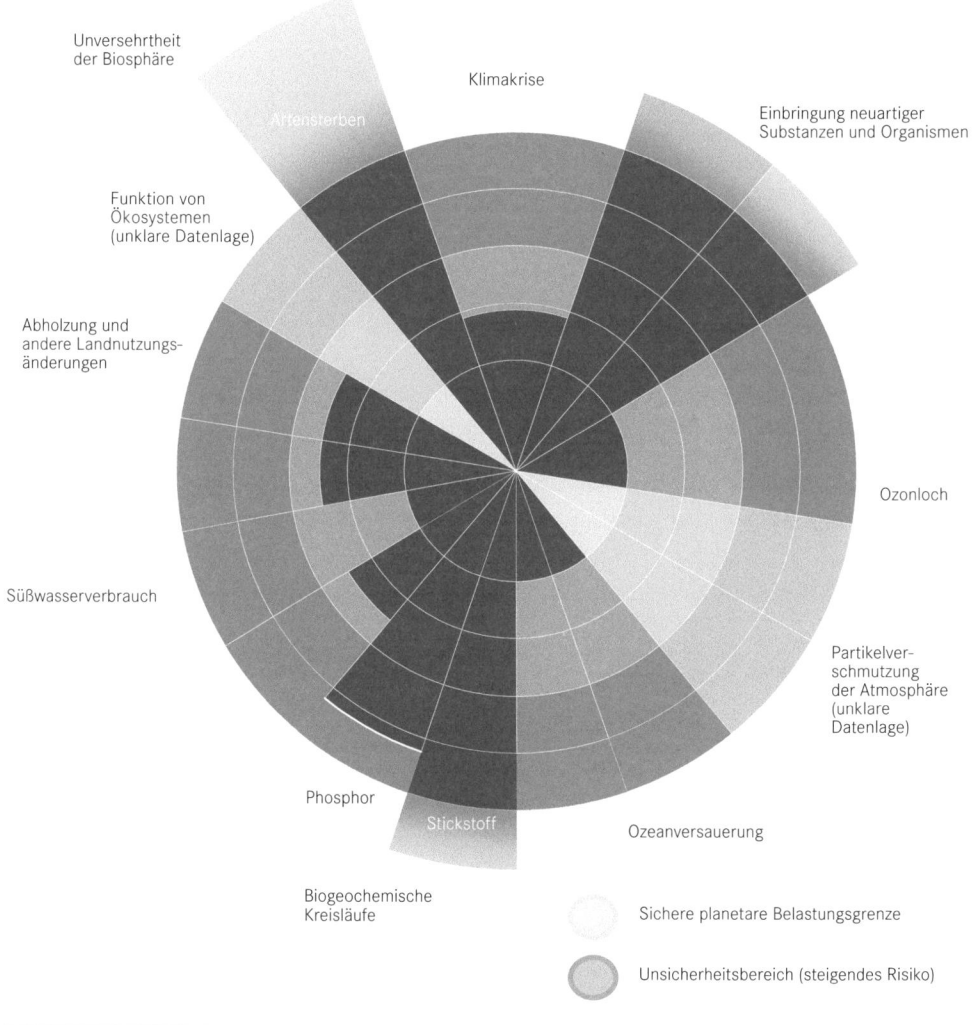

Abb. 7: Ökologische Belastungsgrenzen des Planeten

Das zunächst utopisch klingende Ziel, die bereits erfolgten Veränderungen so weit zu kompensieren, dass der Veränderungsprozess gestoppt wird und wesentliche Kipppunkte nicht mehr erreicht werden, muss jedoch primäres Ziel aller Bemühungen sein. Die Klimaneutralität zumindest insofern herzustellen, dass keine weiteren endlichen Ressourcen verbraucht werden, muss von allen Wirtschaftsbereichen, Staaten und Gesellschaften zwingend und so kurzfristig wie möglich angestrebt werden.

Klimaneutralität

Gleichzeitig müssen die Klima- und Transformationsfolgen für Menschen auf der ganzen Welt mit der sozialen Nachhaltigkeit, wie sie die Vereinten Nationen gemeinsam definiert haben, einhergehen. > Abb. 8 Denn ohne gleichzeitige Verbesserung der Lebensbedingungen aller Menschen, die schon heute die Folgen des Klimawandels enorm zu spüren bekommen, und ein bedürfnisangepasstes Fundament für alle Menschen auf der Welt lassen sich derart komplexe und weitreichende Transformationsprozesse nicht umsetzen. ∎

soziale Nachhaltigkeit

Abb. 8: Nachhaltigkeitsziele der Vereinten Nationen (kurz: SDGs)

○ **Hinweis**: Der Club of Rome ist eine gemeinnützige Vereinigung von Wissenschaftler:innen aus der ganzen Welt mit Sitz in der Schweiz. In Fortsetzung des Buchs „Die Grenzen des Wachstums" wurde 2022 das Buch „Earth for All" veröffentlicht, das komplexe Entwicklungsprognosen für einen Blick in die Zukunft unseres Planeten zusammenfasst.

■ **Tipp**: Die britische Wissenschaftlerin Kate Raworth hat hierzu an der Universität Oxford die sogenannte Donut-Ökonomie entwickelt, welche die planetaren und die sozialen Grenzen ins Gleichgewicht bringt. > Abb. 9 Dazu ist es notwendig, neue Schwerpunkte in der Bewertung von Wirtschaftsräumen zu setzen und damit den Wachstumszwang von Volkswirtschaften abzulösen.

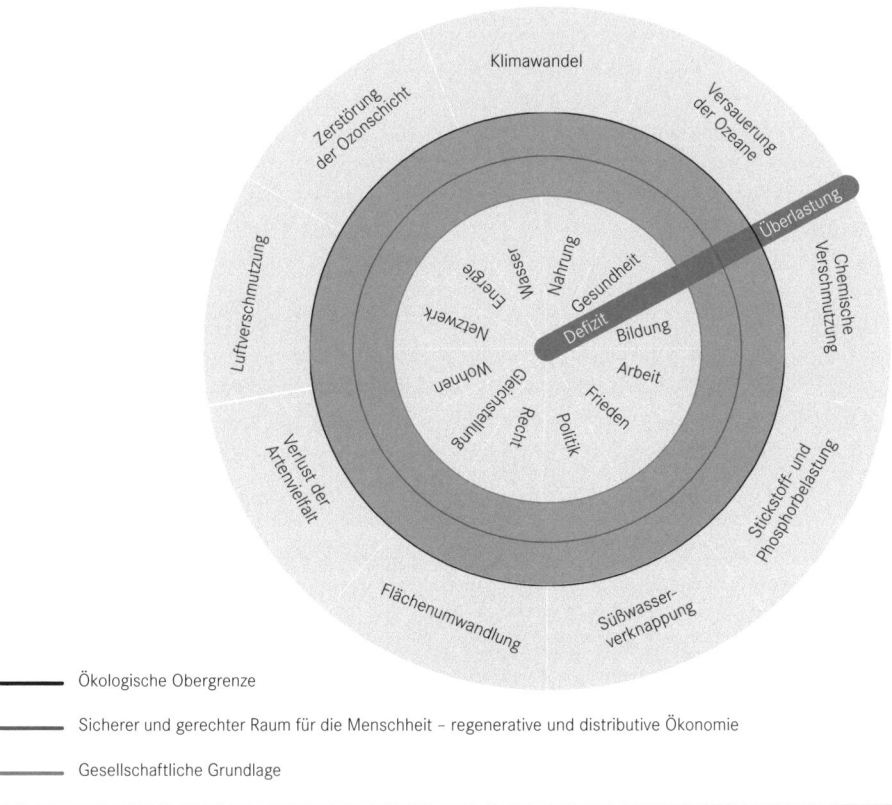

— Ökologische Obergrenze

— Sicherer und gerechter Raum für die Menschheit – regenerative und distributive Ökonomie

— Gesellschaftliche Grundlage

**Abb. 9: Die Donut-Ökonomie nach Kate Raworth**

## TREIBHAUSPOTENZIAL

Als wesentlicher Faktor für die Erderwärmung hat sich der durch Treibhausgase verursachte Treibhauseffekt herausgestellt. Das für das Zurückhalten von Wärmestrahlung relevanteste Treibhausgas ist Wasserdampf, der für den natürlichen Haushalt in der Atmosphäre schon immer die prägende Rolle gespielt hat. An zweiter Stelle folgt Kohlenstoffdioxid ($CO_2$), dessen Konzentration sich durch anthropogene, also menschengemachte Emissionen von etwa 280 ppm (parts per million) in der vorindustriellen Zeit auf über 400 ppm erhöht hat. Auch wenn es viele weitere Gase gibt, die ebenfalls den Treibhauseffekt hervorrufen und teilweise auf eine Tonne berechnet viel schädlicher sind als $CO_2$, so ist $CO_2$ aufgrund des großen Anteils von über 80 Prozent an den Emissionen das bedeutendste Treibhausgas.

Abb. 10: $CO_2$-Äquivalenz bedeutender Treibhausgase gemäß IPCC Climate Change Report 2014

| Treibhausgas | | Lebensdauer in der Atmosphäre | GWP (bezogen auf 20 Jahre) | GWP (bezogen auf 100 Jahre) | GTP (bezogen auf 20 Jahre) | GTP (bezogen auf 100 Jahre) |
|---|---|---|---|---|---|---|
| Kohlenstoffdioxid | $CO_2$ | unterschiedlich | 1 | 1 | 1 | 1 |
| Methan | $CH_4$ | 12,4 Jahre | 84 | 28 | 67 | 4 |
| Distickstoffoxid | $N_2O$ | 121 Jahre | 264 | 265 | 277 | 234 |
| Tetrafluormethan | $CF_4$ | 50.000 Jahre | 4880 | 6630 | 5270 | 8040 |

Da viele Gase aber in deutlich geringeren Volumina auftreten und man mit vielen verschiedenen Faktoren und Gasen rechnen müsste, wurden für andere Gase Umrechnungsfaktoren festgelegt. Damit werden deren Auswirkungen auf das Treibhauspotenzial auf jenes von $CO_2$ umgerechnet. Diese als $CO_2$-Äquivalenz oder Global Warming Potential (GWP) bezeichnete Kenngröße umfasst somit alle wesentlichen Treibhausgase, die für einen spezifischen Betrachtungszeitraum auf die jeweilige Wirkung von $CO_2$ umgerechnet wurden. > Abb. 10 Der Betrachtungszeitraum ist deswegen relevant, weil die Gase unterschiedliche Verweildauern in der Atmosphäre und somit unterschiedlich lange Auswirkungen haben.

Global Warming Potential (GWP)

Neben dem Global Warming Potential (GWP) gibt es weitere Potenziale, die Auswirkungen auf andere Systeme haben und entsprechend erfasst werden müssen. Hierzu gehören beispielsweise

weitere Potenziale

— das Ozonabbaupotenzial (ODP), z. B. über Fluorchlorkohlenwasserstoffe, welche die schützende Ozonschicht schädigen,
— das Versauerungspotenzial (AP), z. B. über Schwefeldioxid, das als saurer Regen Ökosysteme schädigen kann,
— das Eutrophierungspotenzial (EP), z. B. über Phosphate und Nitrate, die Ökosysteme schädigen können, und
— das photochemische Ozonbildungspotenzial (POCP), z. B. über Stickoxide, die in den unteren Luftschichten zu Smog-Bildung führen können.

○ **Hinweis:** Das Global Warming Potential (GWP) umfasst dabei die über den Betrachtungszeitraum aufsummierte Klimaauswirkung, wohingegen das Global Temperature Potential (GTP) die bewirkte Temperaturänderung am Ende des Betrachtungszeitraums angibt.

# Ressourcen- und Energieverbräuche

Mit Bezug auf die notwendigen Transformationsprozesse ist es erforderlich, die entsprechenden Potenziale, insbesondere die $CO_2$-Äquivalenz, im Lebenszyklus der Gebäude zu betrachten, um sie minimieren zu können. Hierzu müssen die Ressourcen betrachtet werden, die vom Errichten über den Betrieb und den Umbau bzw. die Umnutzung bis zur Entsorgung benötigt werden. Unter Ressourcen werden im Kontext von Gebäuden unter anderem am Ort genutzte Ressourcen, Baustoffe und Hilfsstoffe verstanden sowie die während des Lebenszyklus notwendige Energie, beispielsweise zum Heizen und Kühlen.

### ENERGIE- UND RESSOURCENVERBRAUCH BEI GEBÄUDEN

*Ressourcenverbrauch bei der Errichtung*

Die Errichtung eines Gebäudes stellt aus Sicht des Ressourcenverbrauchs eine immense Investition dar. In der Regel wird sehr viel Masse eingesetzt. Dies bezieht sich sowohl auf das eigentliche Gewicht der eingesetzten Baustoffe als auch auf die eingesetzte Energie, um diese Baustoffe herzustellen und vor Ort zu verbauen. Nur die wenigsten Baustoffe lassen sich ohne graue Energie oder $CO_2$-Ausstoß herstellen, sodass mit der immensen Masse eines Neubaus auch immer ein hoher $CO_2$-Äquivalenz-Ausstoß einhergeht.

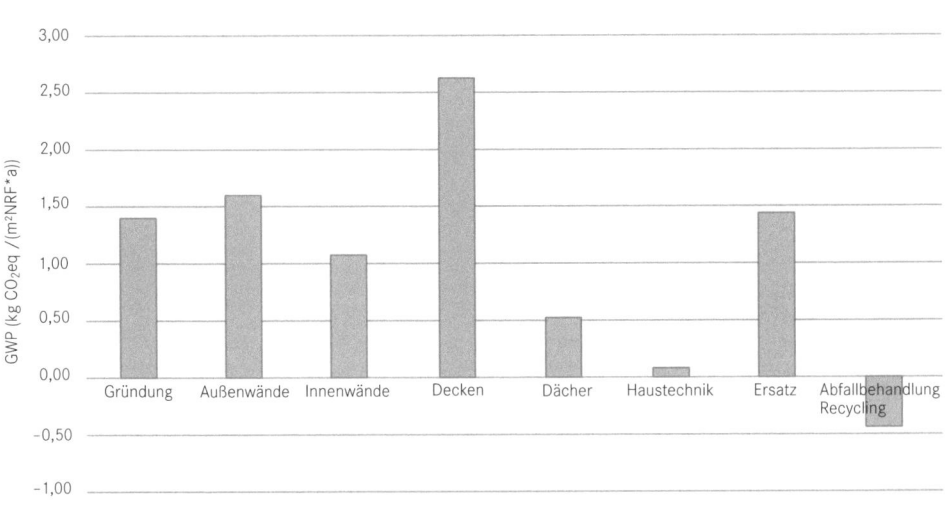

Abb. 11: Beispiel für die bei einem Neubau eingesetzten Ressourcen

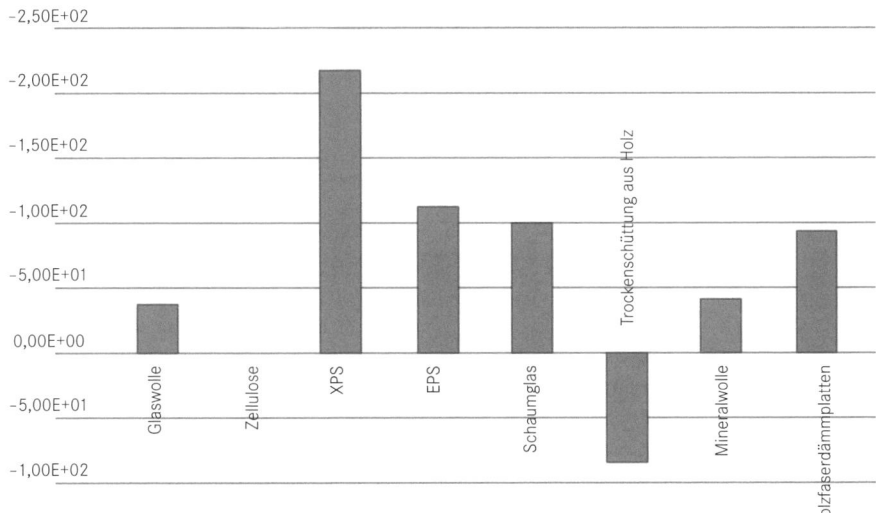

Abb. 12: Beispielhafte Gegenüberstellung der Ressourcenverbräuche von Dämmstoffen (Herstellungs-/Bauphase + Entsorgungsphase nach DIN EN 15804)

Nicht immer ist zu erkennen, welches Baumaterial wie viele und welche Ressourcen verbraucht. > Abb. 12 Aufgrund unterschiedlicher Produktionsbedingungen verschiedener Hersteller und einer sich zunehmend wandelnden Fokussierung auf eine klimaschonende Herstellung kann es hierbei bereits innerhalb eines Baustoffs zu deutlichen Abweichungen kommen.

Auch wenn der Ressourcen- und Energieaufwand bei der Errichtung immens ist, so macht er im gesamten Lebenszyklus eines Gebäudes – je nach Nutzungsdauer – nur 20 bis 25 Prozent aus. Dies liegt daran, dass sich die jährlichen Verbräuche bei einer langen Nutzungsphase summieren und zumindest bei ungedämmten Gebäuden, die fossile Energieträger nutzen, über Jahrzehnte beachtliche Werte erreichen.

Energieverbrauch im Betrieb

■ **Tipp:** Da der wesentliche Ressourcenverbrauch im Rohbau sowie teilweise auch in der Gebäudehülle und im Ausbau entsteht, ist es im Sinne des klimaschonenden Bauens grundsätzlich der beste Weg, mit bestehender Bausubstanz zu arbeiten. > Kap. Klimaschonende Strategien

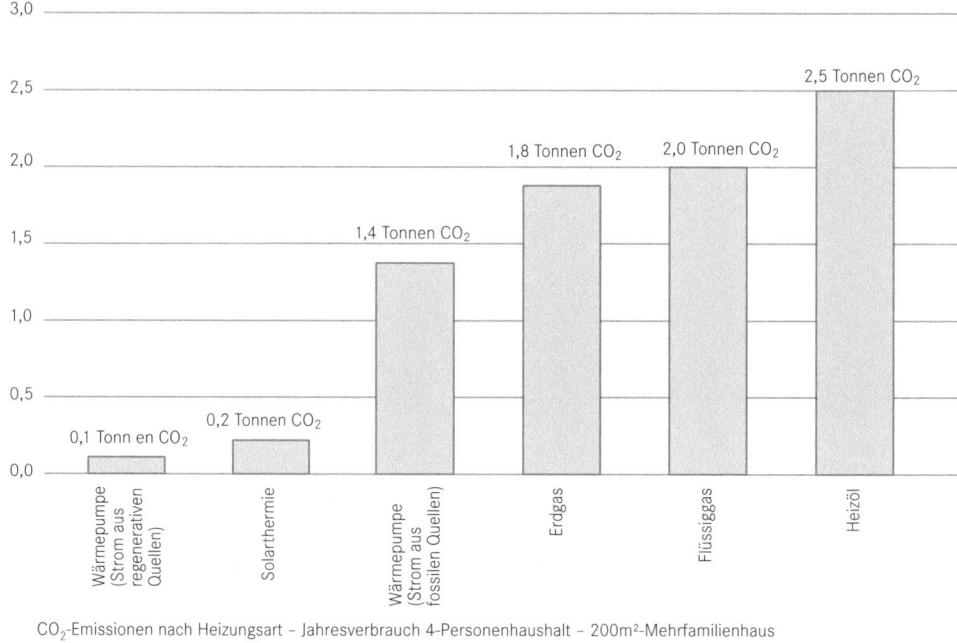

$CO_2$-Emissionen nach Heizungsart – Jahresverbrauch 4-Personenhaushalt – 200m²-Mehrfamilienhaus

**Abb. 13: Verbräuche verschiedener Energiequellen**

Wärmeerzeugung

Die Wärmeerzeugung spielt in gemäßigten und kälteren Regionen beim Betrieb eines Gebäudes eine wesentliche Rolle. Auf Basis fossiler Energien wie mit Öl, Gas oder Kohle produzierte Wärme erzeugt einen dauerhaften $CO_2$-Ausstoß und kann nur durch Effizienzmaßnahmen wie eine möglichst gute Wärmedämmung und minimierte Wärmeverluste reduziert werden. Sinnvoller ist es, eine Wärmeerzeugung auf Basis regenerativer Energien wie Geothermie oder Solarthermie zu nutzen, die jedoch meist deutliche Stromverbräuche zum Betrieb der Anlagen nach sich ziehen. Dieser Stromverbrauch muss dementsprechend ebenfalls regenerativ gedeckt werden, um nicht indirekt graue Energie zu verbrauchen. Hierdurch entstehen teilweise komplexe Anlagensysteme. > Abb. 13

Kälteerzeugung

Viele Gebäude, die hochwärmegedämmt sind und durch hohe Besucherzahlen oder eine Ausstattung mit hohem Technisierungsgrad wie Bildschirme und Computer einen hohen internen Wärmeeintrag haben, können diesen nicht durch natürliche Lüftung kompensieren und müssen daher gekühlt werden. Zudem ist es in feuchtwarmen Klimazonen oft notwendig, Gebäude für eine angenehme Behaglichkeit zu klimatisieren. Kühlung und insbesondere Klimatisierung, die zudem die Luftfeuchtigkeit regulieren, erzeugen im Betrieb hohe Energielasten. Daher sollte, wo möglich, auf eine klassische Kälte- bzw. Klimaanlage verzichtet werden.

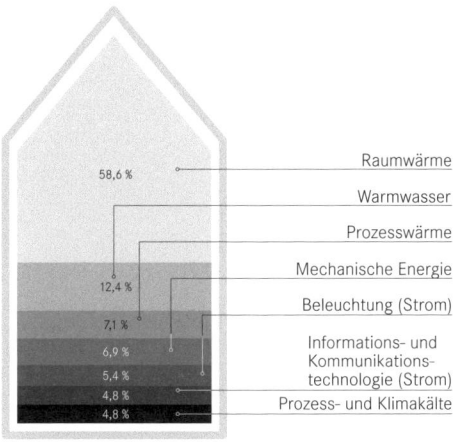

Abb. 14: Endenergieverbrauch während des Betriebs eines Gebäudes

Oft kann der Bedarf an Kühlung durch bauliche und der klimatischen Situation angepasste Lösungen erheblich reduziert werden.

Es gibt jedoch einige Nutzungen wie Museen und Forschungseinrichtungen, die ein bestimmtes Normklima erfordern. Hier ist meist eine anlagentechnische Lösung nötig.

Ein weiteres Augenmerk in der Nutzungsphase liegt auf dem Strombedarf. Dies umfasst einerseits fest installierte Bauteile wie die Beleuchtung, die über LED-Technik und automatisierte Steuerungen wie Bewegungsmelder oder Lichtsensoren entsprechend reguliert werden kann. Andererseits sind auch die Strombedarfe der genutzten technischen Geräte wie Computer zu betrachten. Sie sollten möglichst wenig Energie verbrauchen.

Strombedarf

○ **Hinweis:** Sofern ein Gebäude vollständig regenerativ beheizt wird, stellt sich die Frage, ob dieses Gebäude zusätzlich auf einen maximalen möglichen Energieeffizienzstandard zu dämmen ist. Denn die meistverwendeten Dämmstoffe erzeugen in der Herstellung ebenfalls viel graue Energie. Es kann ein Ansatz sein, ein Gebäude nur so weit zu dämmen, dass die gewählte Heizungsart gut funktioniert und sich im Innern des Gebäudes die notwendigen Behaglichkeitswerte einstellen. Dies bedeutet im Lebenszyklus den geringsten Verbrauch an $CO_2$ und grauer Energie.

● **Beispiel:** Kann eine Verschattung durch konstruktive Elemente den Wärmeeintrag verringern und durch weitere Maßnahmen, zum Beispiel durch Eisspeicher, Bauteiltemperierung oder Nachtauskühlung, den im Innern entstehenden Wärmelasten entgegengewirkt werden, ist dies deutlich energiesparender als eine anlagentechnische Lösung über Kühlgeräte.

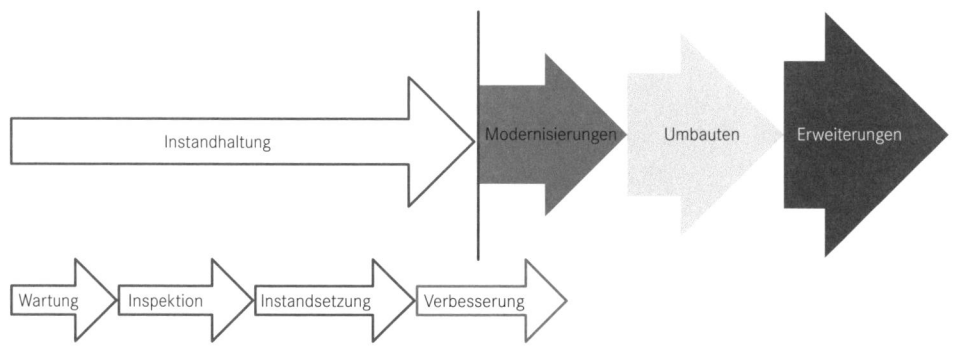

Abb. 15: Abgrenzung der Maßnahmen im Bestand

Instandhaltung und Instandsetzung

Im Betrieb sind neben den bisher benannten Verbrauchsarten auch die Instandhaltung und Instandsetzung von Bauteilen, Oberflächen und Anlagen zu berücksichtigen. Betrachtet man die Errichtung als Investition von Ressourcen, so sollte eine möglichst lange Nutzung angestrebt werden. Damit lässt sich die Investition mit einer langen Nutzung wieder kompensieren. Um die Lebensdauer zu erhöhen, ist es bei vielen Bauteilen und Anlagen sinnvoll bzw. notwendig, diese regelmäßig zu warten bzw. instand zu halten und sie bei kleineren Problemen wieder instand zu setzen. > Abb. 15 Diese Maßnahmen verbrauchen deutlich weniger Ressourcen als ein regelmäßiger Austausch von Bauteilen und Anlagen.

Bei den beschriebenen Maßnahmen im Bau und Betrieb ist in vielen Fällen die eingeflossene Energie entscheidend für den Klimaschutz, denn auch bei der Herstellung liegt der Fokus neben der Materialressource auf dem Energieverbrauch des Herstellungsprozesses. Daher werden im Folgenden einige Energieformen voneinander abgegrenzt.

**PRIMÄRENERGIE**

Vielfach werden Gebäude anhand ihres Primärenergiebedarfs bewertet und kategorisiert. Unter Primärenergie versteht man Energie, die in Energieträgern enthalten ist und noch nicht weiterverarbeitet wurde. So sind Primärenergieträger fossile Brennstoffe wie Kohle, Erdgas und Erdöl, Kernenergie durch Kernspaltung oder Kernfusion und regenerative Quellen wie Wind-, Wasser- und Solarenergie. Ein Teil der Primärenergie geht im Rahmen der Umwandlung zu Sekundärenergie wie Strom oder Fernwärme verloren. Die von den Verbraucher:innen schlussendlich genutzte Energie bezeichnet man als Endenergie.

Primärenergiebedarf

Der Primärenergiebedarf ist dabei für eine Volkswirtschaft wie auch für ein einzelnes Gebäude relevant, da er den tatsächlichen Energiebe-

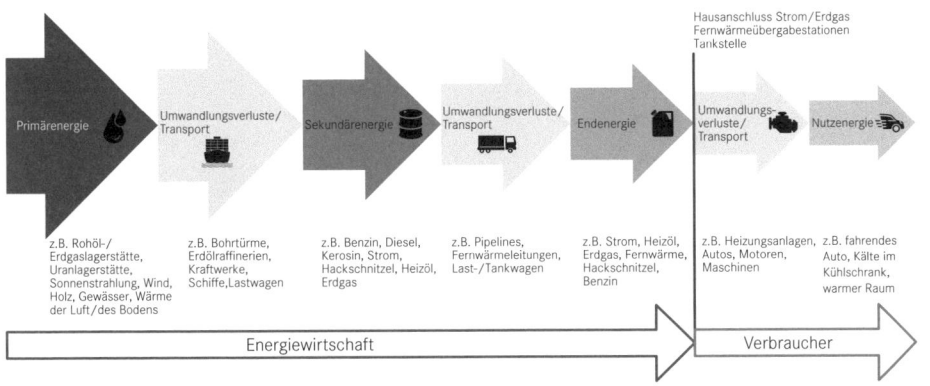

Abb. 16: Abgrenzung Primärenergie, Sekundärenergie und Endenergie

darf an der primären Energiequelle unter Berücksichtigung aller Prozesse sowie Erzeugungs- und Transportverluste beinhaltet. > Abb. 16 Der Primärenergiebedarf ist daher ein wichtiger Faktor in der Einschätzung eines Gebäudes im Rahmen der Ökobilanzierung.

**GRAUE ENERGIE**

Um Ressourcenverbräuche festlegen zu können, ist insbesondere die graue Energie zu betrachten. Als graue Energie wird die gesamte Energie bezeichnet, die zur Gewinnung der Rohstoffe, zur Herstellung, dem Verkauf, dem Transport, dem Einbau und schlussendlich zur Entsorgung eines Baustoffs eingesetzt werden muss. Sie umfasst somit auch indirekt ins Produkt einfließende Energien. Die graue Energie wird in Kilowattstunden oder Megajoule erfasst. Die Berechnung ist oft komplex, da viele einzelne Komponenten zu berücksichtigen sind und die Berechnung schon dadurch sehr unterschiedlich ausfallen kann, dass ein gleiches Produkt in zwei verschiedenen Werken hergestellt wurde.

Dabei ist die graue Energie nicht mit dem $CO_2$-Ausstoß gleichzusetzen, da die benötigte Energie selbstverständlich auch klimaneutral hergestellt sein kann.

Statistisch fallen ungefähr 80 Prozent der grauen Energie bei der Herstellung des Rohbaus und der Gebäudehülle an. Daher ist das Bauen im Bestand fast immer eine deutlich bessere Vorgehensweise, um den Anteil der grauen Energie in Bezug auf die gewonnene Raumfläche zu minimieren. > Kap. Klimaschonende Strategien

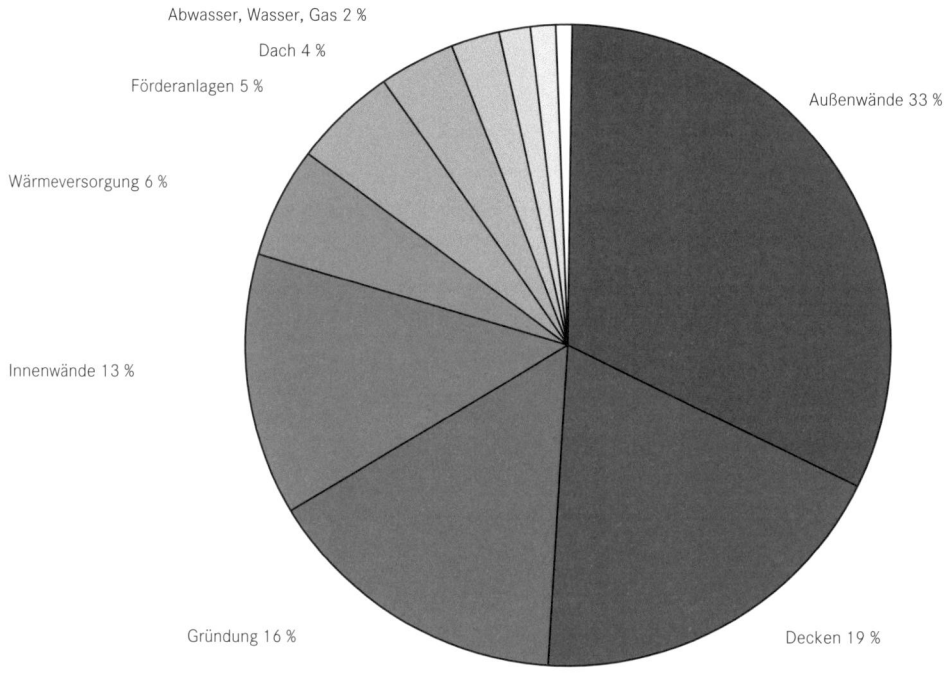

Abb. 17: Graue Energie eines Mehrfamilienhauses bei einer Nutzungsdauer von 80 Jahren

## FOSSILE UND ERNEUERBARE ENERGIE

Des Weiteren unterscheidet man zwischen fossiler und erneuerbarer Energie.

fossile Energie

Fossile Energie wird aus Brennstoffen wie Erdöl, Erdgas, Stein- und Braunkohle oder Torf gewonnen, die aus eingelagerten Pflanzen- bzw. Tierrückständen geologischer Vorzeiten bestehen. Sie werden trotz teils noch großer Vorkommen als endliche Ressource angesehen, da sie sich nur über Zeiträume von Jahrmillionen bilden. Bei der Verbrennung fossiler Energien verbindet sich der enthaltene Kohlenstoff mit dem Sauerstoff der Luft zu Kohlenstoffdioxid ($CO_2$). Die damit freigesetzten Emissionen sind der wesentliche Treiber des Treibhauseffekts.

Biomasse/Holz

Biomasse aus der Landwirtschaft und Holz gehören nicht zu den fossilen Energieträgern. Sie sind trotz $CO_2$-Entstehung bei der Verbrennung bzw. Verrottung weniger kritisch einzuschätzen, da sie bei ihrer Entstehung $CO_2$ aus der aktuellen Atmosphäre einspeichern. Idealerweise wer-

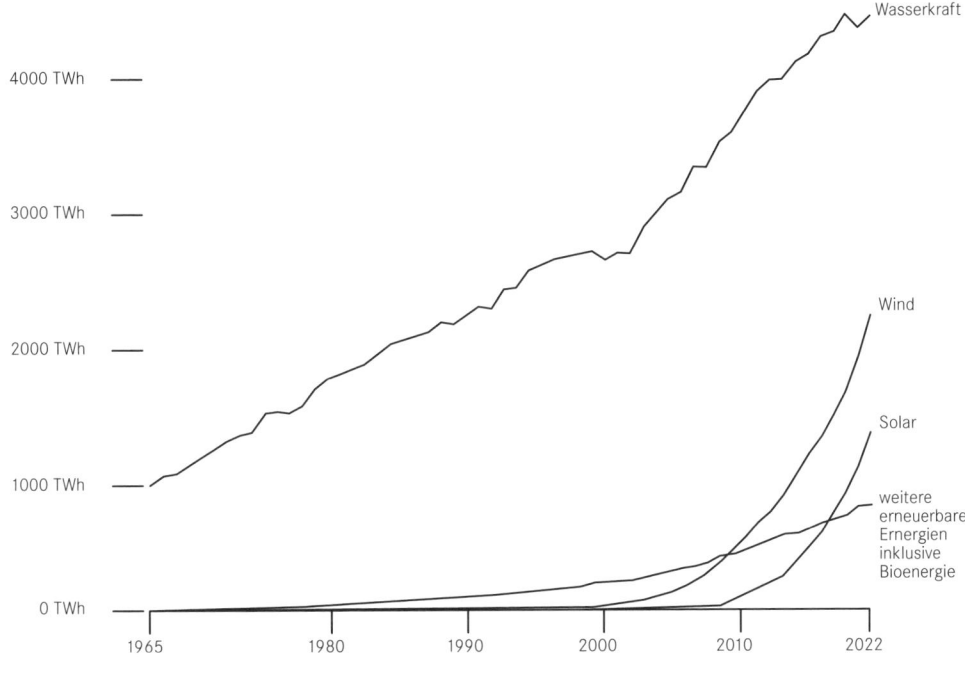

**Abb. 18: Entwicklung der globalen Erzeugung erneuerbarer Energie**

den die eingespeicherten Treibhausgase jedoch nicht wieder freigesetzt, weshalb der Fokus bei der Energieerzeugung auf erneuerbaren Energien liegen sollte.

Als erneuerbare Energie wird die Energie bezeichnet, die sich regenerativ erzeugen lässt und in der Regel grenzenlos zur Verfügung steht. Man versteht darunter zum Beispiel:

erneuerbare Energie

— Sonnenenergie (für die Strom- und Wärmeerzeugung)
— Wasserkraft
— Strömungsenergie (z. B. die Meeresströmung)
— Windkraft
— Geothermie

Der Anteil der erneuerbaren Energien wird weltweit stark ausgebaut, denn sie sind für eine zukünftig klimaneutrale Welt unverzichtbar. > Abb. 18 Mittlerweile ist die Erzeugung von erneuerbarem Strom weltweit betrachtet statistisch günstiger als die Nutzung von fossilen Energieträgern, womit bereits ein wichtiger Meilenstein des Transformationsprozesses erreicht wurde.

# Bewertungsmethoden

Um einzuschätzen, inwieweit Gebäude, Produkte, Dienstleistungen und anderweitige Prozesse klimaschädliche Einflüsse haben, gibt es zahlreiche Bewertungsmethoden, von denen einige wesentliche im Folgenden vorgestellt werden.

### $CO_2$-FUSSABDRUCK BZW. $CO_2$-BILANZIERUNG

Der $CO_2$-Fußabdruck, unter anderem auch als Carbon Footprint oder $CO_2$-Bilanzierung bezeichnet, bewertet die Treibhausgaspotenziale für die globale Erderwärmung (Global Warming Potential (GWP)), wobei Kohlenstoffdioxid ($CO_2$) als wesentliches Element als Berechnungsgrundlage dient. Weitere Treibhausgase wie Methan ($CH_4$) oder Lachgas ($N_2O$) werden als $CO_2$-Äquivalenz umgerechnet, indem ihre Klimaschädlichkeit mit einem jeweils individuellen Faktor in die des Kohlenstoffdioxids umgerechnet wird. > Kap. Klimawandel / Treibhauspotenzial

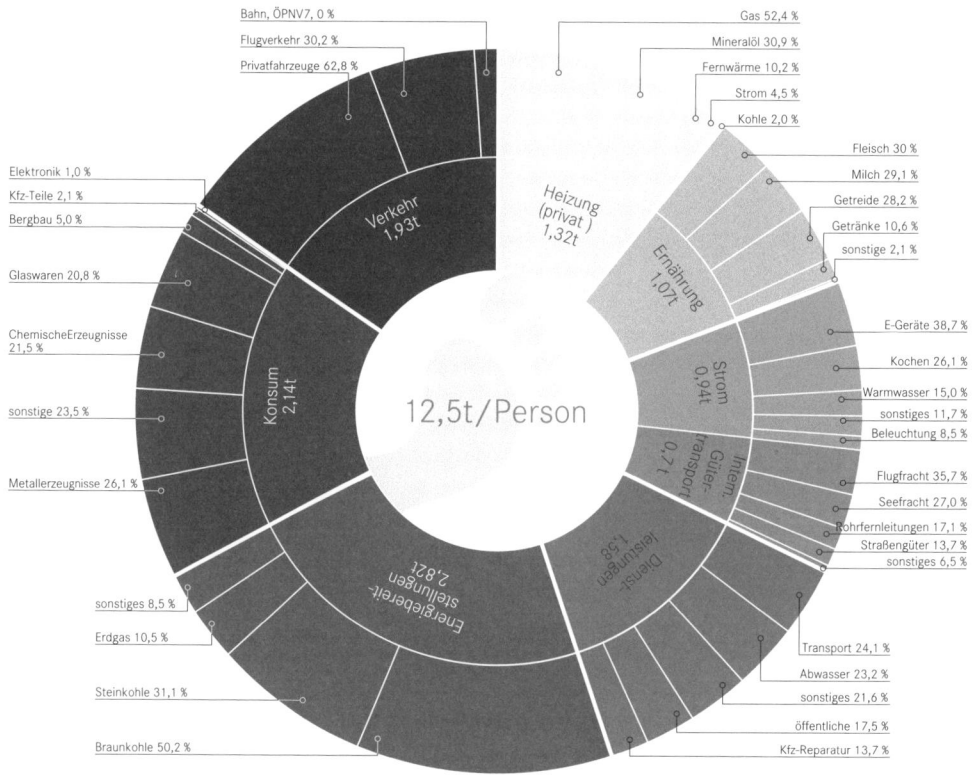

Abb. 19: $CO_2$-Fußabdruck pro Person in Industrienationen

CO$_2$-Fußabdrücke werden für verschiedene Betrachtungshorizonte berechnet. So können über die statistische Berechnung pro Person Lebensweisen in verschiedenen Ländern und Regionen verglichen werden. > Abb. 19 Auch Unternehmen nutzen CO$_2$-Fußabdrücke, um ihren Weg zur Klimaneutralität zu prüfen und zu dokumentieren.

Eine CO$_2$-Bilanzierung lässt sich auch für Gebäude relativ einfach aufstellen, da dafür lediglich die CO$_2$-Äquivalenzwerte mit den vorhandenen bzw. geplanten Massen multipliziert werden müssen. CO$_2$-Äquivalenzwerte werden von Herstellern über sogenannte Environmental Product Declarations (EPDs) und unabhängige Datenbanken zur Verfügung gestellt.

CO$_2$-Bilanzierung für Gebäude

## ÖKOBILANZIERUNG UND STOFFSTROMANALYSE

Die Ökobilanzierung, auch als Life Cycle Assessment (LCA) bezeichnet, geht einen Schritt weiter und stellt ein weltweit formalisiertes Verfahren nach ISO 14040 / 14044 dar. Sie wird in vier Abschnitte unterteilt: Zunächst werden im ersten Schritt Ziele und Betrachtungsrahmen („Goal and Scope") festgelegt, um für die Datenerfassung Systemgrenzen zu definieren und die Datenqualität transparent zu vermitteln. Im zweiten Schritt, der „Life Cycle Inventory" (LCI), werden alle benötigen Materialien und Ressourcen sowie die Emissionen und Abfälle als Datensammlung zusammengestellt. Diese werden dann im dritten Schritt einer Wirkungsabschätzung („Life Cycle Impact Assessment" (LCIA)) unterzogen. Die Auswertung als vierter Schritt setzt das Ergebnis in Bezug zu den gesetzten Zielen und schließt die Ökobilanzierung ab.

Ökobilanzierung

Die Ökobilanzierung ist somit ein Verfahren, das für eine allgemeine Vergleichbarkeit und Transparenz der betrachteten Inhalte sorgen kann.

Die Stoffstromanalyse ist im Gegenzug zur Ökobilanzierung kein international normiertes Verfahren, weshalb es zahlreiche Varianten gibt, die sich teilweise mit der Ökobilanzierung decken. Im Kern fokussiert sich die Stoffstromanalyse auf die Stoff-, Material- und Energieströme, die mit einem Gebäude, einem Produkt, einer Dienstleistung oder anderen Prozessen verbunden sind. Sie betrachtet somit eher Mengen und Wege von Stoffströmen und weniger die Umweltauswirkungen wie die Ökobilanzierung.

Stoffstromanalyse

## WEITERE BEWERTUNGSMETHODEN

Im Folgenden werden, ohne Anspruch auf Vollständigkeit, noch einige weitere Ansätze genannt, die im Kontext der Ökobilanzierung oder staatlicher Regelungen bestehen.

Die Lebenszykluskostenberechnung, auch als „Life Cycle Costing" (LCC) bezeichnet, hat einen ähnlichen Ansatzpunkt wie die Ökobilanzierung. Sie beschränkt sich dabei jedoch primär auf Kosten, die sie von der Planung über die Herstellung und die Nutzungsphase bis zur Rücknahme betrachtet. Die Lebenszykluskostenberechnung kann somit

Life Cycle Costing (LCC)

klimabezogene Kosten integrieren und Entscheidungen auf Basis von Folgekosten beeinflussen.

*social Life Cycle Assessment (sLCA)*

Das „social Life Cycle Assessment" (sLCA) fokussiert sich wiederum auf die sozialen Auswirkungen von der Gewinnung der Rohstoffe über die Herstellung und Nutzung bis zur Entsorgung. Sie lehnt sich eng an die Ökobilanzierung an, ist jedoch nicht einheitlich normiert.

*Überprüfung von Umweltauswirkungen*

In vielen Staaten haben sich zudem Verfahren zur Überprüfung von Umweltauswirkungen baulicher Maßnahmen entwickelt, die beispielsweise bei Bebauungsplänen oder Bauanträgen zu berücksichtigen sind. Ziel ist es, Natureingriffe, Versiegelungen oder andere negative Folgen bewerten und gegebenenfalls kompensieren zu können.

*EU-Taxonomie*

Die Europäische Union als großer Wirtschaftsraum bemüht sich mit verschiedenen Ansatzpunkten darum, einen Paradigmenwechsel herbeizuführen. Neben verschärften Vorschriften zum Bauen hat sie über die EU-Taxonomie allgemeingültige Regeln zur Definition von nachhaltigem Wirtschaften aufgestellt, die zukünftig enormen Einfluss auf die Finanzwirtschaft und somit auch auf die in der Regel kreditbasierte Bauwirtschaft haben werden.

## ZERTIFIZIERUNGEN

Neben den zuvor beschriebenen Verfahren gibt es noch gebäudebezogene Berechnungsmethoden, die in der Regel mit entsprechenden Zertifizierungen verbunden sind. Diese Zertifizierungen sind oft nationalen Ursprungs, verbreiten sich jedoch in verschiedenen Ausprägungen auch in anderen Staaten.

*Zertifizierungen von Gebäuden*

Gebäudezertifizierungen (> Abb. 20) verfügen meist über Unterkategorien, die verschieden hohe Nachhaltigkeitsstandards für Gebäude definieren. In der Regel sind sie mit komplexen Regelwerken und Bewertungskriterien verknüpft, sodass eine Zertifizierung neben der Umsetzung von nachhaltigen Bauweisen auch mit Kosten für die Begleitung, Datenaufbereitung und Zertifizierung durch einen Anbieter verbunden ist. Sie ist somit ein zusätzliches und nach außen sichtbares Bewertungslabel, das in der Immobilienwirtschaft auch ökonomisch wertsteigernd wirken kann.

*Produktzertifizierungen*

Neben der Zertifizierung des gesamten Gebäudes werden auch einzelne Bauprodukte nach verschiedenen Nachhaltigkeitskriterien taxiert. Dabei gibt es Label, die eine große Bandbreite von Bauprodukten meist auf nationaler Ebene bewerten, und spezialisierte, die sich mit einzelnen Bauprodukten wie Holz oder speziellen Aspekten wie einer gesunden Raumluft beschäftigen. > Abb. 21

**Abb. 20: Beispielhafte Zertifizierungen für Gebäude**

| Zertifikat | Ursprung |
| --- | --- |
| LEED | USA |
| DGNB | Deutschland |
| BNB | Deutschland |
| BREEAM | Großbritannien |
| HQE | Frankreich |
| CASBEE | Japan |
| Green Star | Australien |

**Abb. 21: Beispielhafte Zertifizierungen für Bauprodukte**

| Zertifikat | Schwerpunkt | Ursprung |
| --- | --- | --- |
| EU-ecolabel | im Aufbau, noch nicht für alle Bauprodukte verfügbar | Europa |
| EPD | Selbstauskunft von Herstellern | weltweit |
| Blauer Engel | fast alle Bauproduktarten | Deutschland |
| natureplus | viele Bauprodukte | Deutschland |
| FSC | Holzwirtschaft | weltweit |
| PEFC | Holzwirtschaft | Deutschland, Europa |
| Green Seal | viele Bauprodukte | USA |
| Nordic Swan | fast alle Bauproduktarten | Norwegen, Schweden, Island, Finnland, Dänemark |
| Milieukeur | fast alle Bauproduktarten | Niederlande |
| Österreichisches Umweltzeichen | viele Bauprodukte | Österreich |
| Cradle to Cradle | Kreislaufwirtschaft | weltweit |

# Klimaschonende Strategien

Welche Instrumente oder Strategien es zu beachten gilt, um möglichst klimaschonend und perspektivisch bestenfalls klimaneutral bauen zu können, soll im Folgenden diskutiert werden. Dabei ist klarzustellen, dass es nicht den einen richtigen und zielführenden Weg geben kann. Vielmehr bedarf es eines Paradigmenwechsels, der viele Aspekte des Planens und Bauens auf den Prüfstand stellt. Das nächste Jahrzehnt muss dadurch geprägt sein, möglichst viele Wege auszuprobieren bzw. konsequent zu gehen, um schlussendlich wesentliche Stellschrauben identifizieren und verankern zu können. Es ist nicht so, dass dieser Paradigmenwechsel nur durch Innovation erreicht wird, indem beispielsweise Dämmstoffe aus nachwachsenden Pilzen zur Marktreife weiterentwickelt werden. Ebenso lohnt sich der Blick auf die Bauweisen und Konstruktionsprinzipien bestehender Gebäude und nachhaltig wirtschaftender Kulturen, um Rückschlüsse für den eigenen Kontext ziehen zu können.

Einige Strategien, die in ihrer Summe keinen abschließenden Charakter haben, sollen im Folgenden vorgestellt werden.

### NUTZUNG VON BESTANDSGEBÄUDEN

Um den Ressourcenverbrauch grundlegend zu reduzieren, ist ein wesentlicher Ansatzpunkt das Arbeiten im Bestand. Bei der Neuerrichtung von Gebäuden wird im Verhältnis zum Umbau allein durch Rohbaumaßnahmen ein Vielfaches an Ressourcen verbraucht und an $CO_2$-Tonnagen erzeugt, was sich nicht oder erst nach vielen Jahrzehnten in vollem Umfang kompensieren lässt. > Abb. 22

Der Bestand lässt sich in zweierlei Hinsicht als Ressource nutzen. Im ersten Schritt stellen Bestandsgebäude eine Raumressource dar, die bereits vorhanden ist und meist schon eine lange Amortisationsphase durchlaufen hat. Diese Ressource sollte im besten Fall weitergenutzt bzw. für eine neue Nutzung transformiert werden, solange dies möglich ist. Wenn ein Gebäude nicht mehr nutzbar bzw. umwandelbar ist, sollte der zweite Schritt sein, diese Baukonstruktion als Ressourcenlager zu nutzen. > Kap. Rezyklierfähigkeit und Wiederverwendung

*Weiternutzen* Solange ein Gebäude unverändert genutzt wird, verbraucht es nur über die Bereitstellung von Energie, Wärme und anderen Medien Ressourcen, die jedoch über eine entsprechende klimaneutrale Produktion minimiert werden können. Erst wenn Veränderungen am Gebäude vorgenommen werden, ist dies als neue Investition an Ressourcen zu sehen. Eine Weiternutzung durch eine intelligente Umplanung ist somit einer der klimaschonendsten Wege, neu konfigurierte Flächen bereitzustellen.

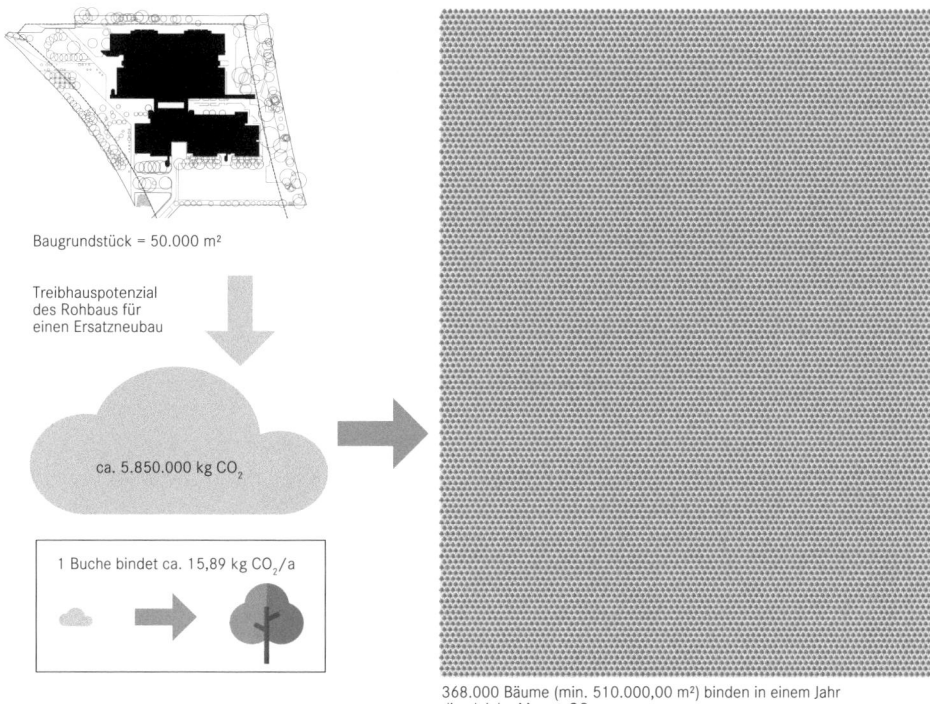

Abb. 22: CO$_2$-Ausgleich über Aufforstung für einen Abriss und Neubau eines bestehenden Schulzentrums

Dabei sollte der Schwerpunkt darauf liegen, das Gebäude so zu transformieren, dass es nicht nur für eine neue Nutzung bereitgestellt werden kann, sondern sich auch zukünftig flexibel umgestalten lässt.

Wenn es machbar ist, sollten Eingriffe auf das Notwendige begrenzt werden, und im Projektteam sollte darüber diskutiert werden, inwieweit ein Gebäude auch seine bisherige Historie zeigen darf, anstatt neubauadäquat überformt zu werden.

● minimalinvasive Anpassungen

■

● **Beispiel:** Eine Umgestaltung kann zum Beispiel notwendig werden, wenn vorherige spezifische Nutzungen wie für Industrie, Kultur oder Freizeit dauerhaft entfallen oder wenn der Grundrisszuschnitt heutigen Anforderungen nicht mehr entspricht und sich keine potenziellen Nutzer:innen finden lassen.

■ **Tipp:** Oft passen vorgegebene Raumprogramme nicht zu den Strukturen im Bestand, wenn beispielsweise für ein Büro eine Fläche von 17 m² vorgegeben ist, im Bestand aber nur Räume mit 20 m² vorhanden sind. Hier lohnt es sich, die Bedarfsermittlung noch einmal vor dem Hintergrund des Bestands zu reflektieren, bevor unnötig umfangreiche Eingriffe in den Bestand vollzogen werden.

Das Ziel ist es, möglichst viel Bausubstanz dauerhaft zu nutzen und andernfalls zirkulär zu denken, um die Weiternutzung auch auf Konstruktions- und Materialebene zu ermöglichen. So lassen sich ausgebaute Bauteile wie entfallende Türen gegebenenfalls auf der Baustelle eines anderen Projekts sinnvoll weiternutzen oder durch Austausch von Ressourcen zwischen verschiedenen Projekten entsprechend diversifizieren.

**WERTIGKEIT VON BESTAND**

Mit der Diskussion um die Weiternutzung von Bausubstanz geht auch ein neuer Wertigkeitsbegriff einher. Ist der Wert von historischen bzw. denkmalgeschützten Gebäuden ein gesellschaftliches Allgemeingut, so ist es notwendig, dieses Verständnis von der Wertigkeit des Bestands auch auf die Alltagsarchitektur zu erweitern.

Architekt:innen können in der Regel Impulse geben, um eine bestimmte Gestaltungsrichtung einzuschlagen. Die Entscheidung, ob und inwieweit ein Gebäude weitergenutzt werden soll, obliegt aber den Auftraggeber:innen. Somit ist ein gesellschaftlicher und baukultureller Diskurs notwendig, um die bestehende Alltagsarchitektur aus einem neuen Blickwinkel heraus zu betrachten und sie in der notwendigen Breite als Projektgrundlage anzuerkennen.

Alltagsarchitektur

Die Alltagsarchitektur des letzten Jahrhunderts ist oft dadurch geprägt, dass sie funktional und konstruktiv für eine bestimmte Nutzung optimiert wurde. Dies kann durch angesetzte Traglasten, Spannweiten, Geschosshöhen, Treppenbreiten, Fensteranordnungen etc. mitunter Grenzen oder zumindest Hürden aufzeigen. Diese Optimierung bietet jedoch ebenso die Chance, durch die vorhandenen Strukturen ein neues Nutzungsszenario mit deutlich höheren Raumqualitäten als im Neubau zu generieren, das dann bestehende Strukturen mit neuen Elementen kombiniert. Da das Gebäude nun nicht für die neue Nutzung optimiert geplant wurde, entstehen oft charaktervolle und identitätsstiftende Räume. Voraussetzung dafür ist, dass der Bestand behutsam und mit Respekt transformiert wird. Als Architekt:in Respekt vor dem Bestand zu haben, bedeutet nicht, mit Sorge oder Furcht an einem Umbauprojekt zu arbeiten, sondern vielmehr, ein Bestandsgebäude vor dem Hintergrund

○ **Hinweis:** Der Anteil an denkmalgeschützten Gebäuden liegt beispielsweise in Deutschland nur bei 2,9 Prozent des Baubestands. Die dabei substanzerhaltende Denkweise umfasst Themen wie das Reparieren, den möglichst dauerhaften Erhalt der Bausubstanz, die behutsame Anpassung bei Nutzungswechseln und den Erhalt des Charakters eines Gebäudes. So kann auch Methodenkompetenz für Alltagsbauten vermittelt werden.

■ **Tipp:** Oft sind Gebäude im Lauf ihres Lebenszyklus durch verschiedene partielle Sanierungen oder Reparaturen so überformt, dass die ursprüngliche Gestaltung nicht mehr klar erkennbar ist. Es ist daher hilfreich, über alte Fotos oder abstrahierte Zeichnungen aus der Bauzeit Qualitäten wieder sichtbar zu machen und vermitteln zu können.

seines bisherigen Lebenszyklus und seiner Historie zu verstehen und anzuerkennen.

Hat ein Gebäude bereits ein Alter von 60 bis 80 Jahren erreicht, so hat es über seine Struktur, Grundrissgestaltung und Konstruktionsweise seine Legitimation bewiesen. Alles, was man mit diesem Gebäude im Rahmen einer Transformation plant und daran baulich verändert, sollte sich an diesem Hintergrund messen lassen und ebenfalls eine solche Nutzungszeit und Resilienz anstreben.

*Legitimation durch Alter*

Auch wenn die baukulturelle Qualität eines Gebäudes auf den ersten Blick nicht zu erkennen ist, ist jedes Gebäude ein Zeitzeuge und verfügt über entsprechende bauzeitbezogene Details und Gestaltungsprinzipien. Auch kann ein Gebäude als Baustein im stadträumlichen Kontext wirken oder zusammen mit weiteren Gebäuden aus derselben Bauzeit ein zeittypisches Ensemble bilden, ohne sich selbst besonders hervorzuheben. Nicht zuletzt besitzt ein Bestandsgebäude allein schon dadurch Qualitäten, dass die konstruktive Bausubstanz eine gute Ausgangsbasis für eine klimaschonende Transformation bietet.

In vielen bestehenden Konstruktionsweisen ist zu erkennen, dass dabei Aspekte wie Langlebigkeit, Reversibilität, Veränderbarkeit, Demontierbarkeit, Reparaturfähigkeit und Widerstandsfähigkeit gegenüber Umwelt- und Nutzungseinflüssen berücksichtigt wurden. Sie sind bis zu einem gewissen Grad resilient und störungsunempfindlich geplant. Dies hat mitunter damit zu tun, dass zur Bauzeit eine begrenzte Ressourcenverfügbarkeit vorherrschte und sie technisch noch nicht so optimiert waren, wie es bei heutigen Konstruktionsweisen der Fall ist. Auf der anderen Seite sind viele der heutigen Konstruktionsweisen so perfektioniert, dass sie einerseits ihren Zweck optimal erfüllen und andererseits bereits geringe Ungenauigkeiten in der Bauausführungen zu Bauschäden führen können und sie kaum Variabilität gegenüber anderen Umwelt- oder Nutzungsbedingungen zulassen. Die Konstruktionsprinzipien in einem Bestandsgebäude bzw. -bauteil nachzuvollziehen und auf Übertragbarkeit in die heutige Normenwelt zu prüfen, ist daher eine wichtige Grundlage für nachhaltige, dauerhafte und resiliente Bauweisen.

*resiliente Konstruktionsweisen*

Es ist deshalb wichtig, einem Bestandsgebäude mit Empathie und Respekt zu begegnen, seine Gestaltungs- und Konstruktionsprinzipien zu analysieren und die bestehenden Strukturen differenziert und reflektiert zu transformieren. In Teilen geht damit auch ein Paradigmenwechsel im Selbstverständnis von Architekt:innen einher, die sich vielmehr als Hüter:innen von Bestandsgebäuden denn als reine Gestalter:innen verstehen müssen, um im Bestand mit Sachkunde arbeiten zu können. Arbeitet man im Bestand, so bildet dieser den Rahmen und die Basis der zukünftigen Gestaltung und es bedarf eines kreativen Dialogs mit dem Kontext und dem Gebäude. Verschiedene Herangehensweisen wie das Überformen, das Weiterschreiben, das Kontrastieren oder das Anpassen sind zu reflektieren.

*Herangehensweise im Bestand*

## ZIRKULÄRES BAUEN

Neben der Nutzung von Bestandsgebäuden ist es während der Planung grundsätzlich wichtig, den Ressourceneinsatz und die verbundenen Stoffströme zu fokussieren, die gegenüber den bisherigen Denkweisen beim Planen und Bauen massiv reduziert werden müssen. Seit der Industrialisierung und der beginnenden Massenproduktion haben sich die Konsummuster stark verändert. Anstatt Ressourcen, Material und Produkte möglichst lange zu verwenden und gegebenenfalls bei wegfallender Nutzung anderweitig wieder einzusetzen, hat sich ein lineares Nutzungsskript etabliert, bei dem Herstellen, Nutzen und Wegwerfen in immer kürzeren Intervallen erfolgt. > Abb. 23 Produkte werden nicht aussortiert, weil sie nicht mehr funktionieren oder sich nicht mehr reparieren lassen, sondern weil neuere oder bessere Alternativen verfügbar sind. Es geht nicht mehr darum, Bedarfe zu decken, sondern Statusbedürfnisse zu generieren und

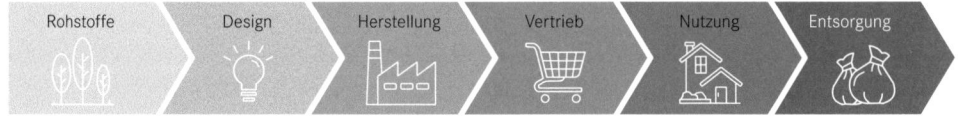

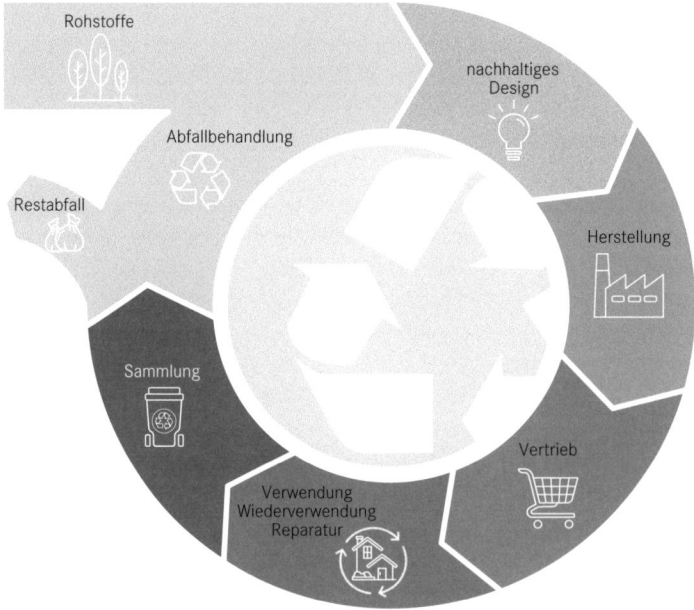

Abb. 23: linearer Verbrauch und zirkuläre Nutzung

zu bedienen. Diese als Hyperkonsum bezeichnete Lebensweise orientiert sich nicht an den sozialen Grundbedürfnissen, sondern an der verfügbaren Kaufkraft von Menschen und dem gesellschaftlichen Erfolgsbild.

Es ist gesellschaftlich notwendig, diesem Phänomen mit neuen Werten entgegenzuarbeiten, um einen Paradigmenwechsel im Bereich der Ressourcenverschwendung im Alltagsleben zu bewirken. Eine wichtige Rolle spielen hierbei Gebäude, da sie wie zuvor beschriebenen einen prägenden Anteil an den Ressourcenverbräuchen haben. Daher werden im Folgenden die Grundsätze einer zirkulären Bauwirtschaft angesprochen.

Um nicht immer neue Ressourcen und Materialien zu benötigen, ist es zwingend, das Bauen zukünftig zirkulär als Kreislaufwirtschaft zu denken und zu leben. Ein Grundsatz dabei muss sein, nicht mehr grenzlose Verfügbarkeit von Materialien und Ressourcen vorauszusetzen, sondern zunächst nach Möglichkeiten zu suchen, auf vorhandene Ressourcen zurückzugreifen und diese wiederzuverwenden. > Abb. 24 Da das Herstellen neuer Materialien und Baustoffe ein wesentlicher Faktor für den fortschreitenden Klimawandel ist, sollten vornehmlich dort neu produzierte Baustoffe eingesetzt werden, wo keine vorhandenen bzw. wiederaufbereiteten Ressourcen zur Verfügung stehen. Wenn neu hergestellte Baustoffe verwendet werden, so ist es sinnvoll, die Auswahl der eingesetzten Stoffe mit Blick auf den Ressourceneinsatz in den Herstellungsprozessen

Kreislaufwirtschaft

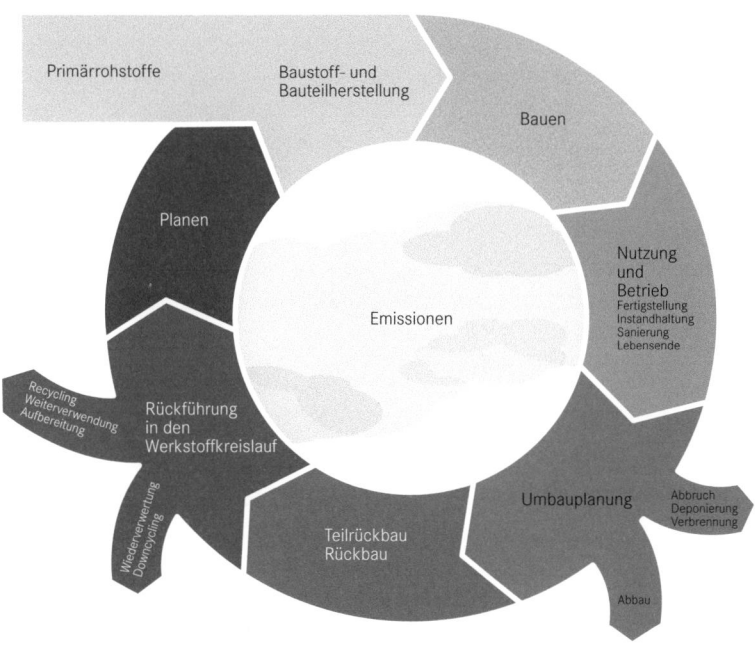

Abb. 24: Prinzip einer kreislaufgerechten Bauwirtschaft

vorzunehmen. Zudem sollten alle Maßnahmen so durchgeführt werden, dass eine spätere Wiederverwendung gewährleistet ist.

## REZYKLIERFÄHIGKEIT – WIEDERVERWENDUNG

Seit einigen Jahrzehnten wird mit verschiedenen Instrumenten versucht, eine durchgehende Rezyklierfähigkeit von Baumaterialien und -konstruktionen zu erreichen.

Der Großteil der Baumaßnahmen wurde jedoch in genau entgegengesetzter Art und Weise umgesetzt. Gebäude wurden aus Gründen der Energieeffizienz mit Kleb- und Dichtstoffen, Folien oder zunehmend komplizierteren Schichtaufbauten möglichst luftdicht hergestellt, was weitere technische Erfordernisse beispielsweise zur kontrollierten Be- und Entlüftung mit sich brachte. Gerade die Baustoffe und -konstruktionen jüngerer Gebäude zeichnen sich meist dadurch aus, dass sie nur sehr eingeschränkt sortenrein zu trennen und daher nur mit hohem Aufwand rezyklierbar sind.

*Downcycling/ Upcycling*

Da viele Bauteile im Bestand nicht mit Blick auf eine Rezyklierbarkeit eingesetzt wurden, können viele Materialien nicht im Sinne einer Kreislaufwirtschaft in gleicher Weise wiederverwendet werden. Dies führt oft dazu, dass Material einfach als Abfall behandelt wird. Ziel sollte es stattdessen sein, Material in der gleichen Wertigkeit und Nutzbarkeit wiederzuverwenden oder sogar aufzuwerten, was als Upcycling bezeichnet wird. Insofern sich Material nicht mehr gleichwertig nutzen lässt, kann es oft in minderwertigerer Form eingesetzt werden, was Downcycling genannt wird.

*Hürden beim Recycling*

Recycling-Baumaterial (RC) einzusetzen, ist in der Regel kein Selbstläufer. Man muss sich bewusst darum bemühen und auch Komplikationen in Kauf nehmen. Wenn man mit Upcycling-Material wie Türen oder Fenstern plant, ist nicht gewährleistet, dass es dann im Zuge der Bauausführung auch zur Verfügung steht. Es ist also wichtig, seine eigenen Planungsprozesse entsprechend offen zu gestalten.

Zudem ist es in vielen Ländern gesetzlich geregelt, dass nur neues oder zertifiziertes Material eingebaut werden darf, sodass Recyclingmaterial erst auf seine Eigenschaften hin geprüft und zertifiziert werden muss. Erst dann darf es wieder eingebaut werden. Oft entsprechen Bau-

---

● **Beispiel:** Verschiedene Zertifikate wie Cradle to Cradle basieren auf dem Prinzip, nur Materialien einzusetzen, die am Ende der Nutzungsphase wieder in den Kreislauf integriert werden können. Aufgrund des fortschreitenden Klimawandels müssen wir mittlerweile jedoch früher ansetzen und nur noch in geringem Umfang neue Baumaterialien verwenden.

■ **Tipp:** Es ist wichtig, bei Neubauten Konstruktionen einzusetzen, die möglichst ohne dauerhafte Verbindungen verschiedener Baustoffe auskommen. Nur so lässt sich gewährleisten, dass zukünftig die Materialien einzeln wiederverwendet bzw. bei einer festgestellten Schadstoffhaltigkeit sortenrein entnommen werden können.

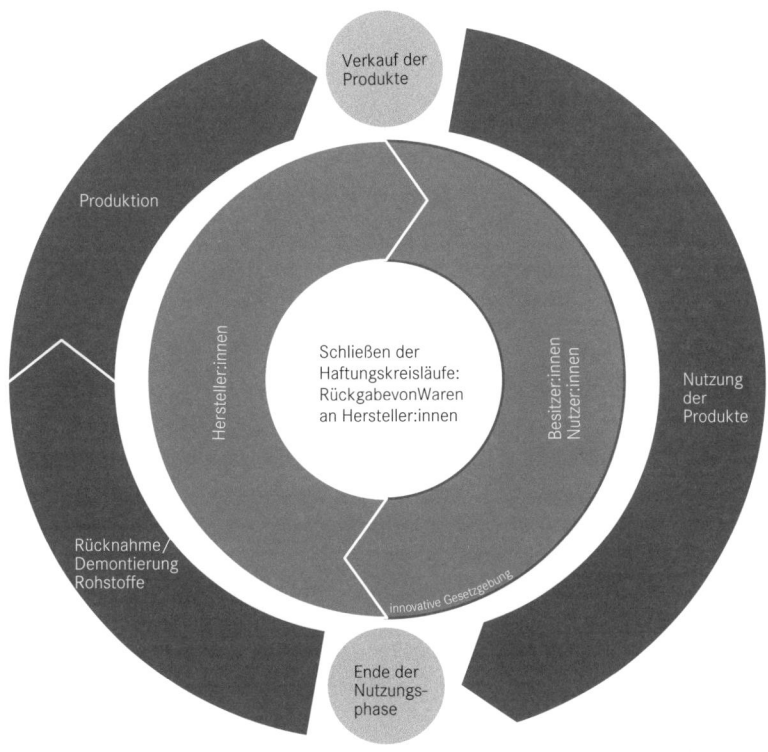

Abb. 25: normengerechte Kreislaufwirtschaft im Bau

teile in ihrer ursprünglichen Beschaffenheit nicht mehr aktuellen Gesetzen oder bauphysikalischen Vorgaben, sodass es einen kreativen Weg braucht, um sie wiederverwenden zu können. Auch sind Haftungsfragen zu klären, da nicht immer klar ist, wer die Gebrauchstauglichkeit und Funktionstüchtigkeit von gebrauchten Baustoffen gewährleistet. Wenn Bauprodukte von der Baustoffindustrie wiederaufbereitet wurden, ist dies einfacher festzulegen. > Abb. 25

● **Beispiel:** Mineralischer Abbruch aus Mauerwerkswänden oder Betonbauteilen wird oft zerkleinert und als Recycling-Material (RC) zum Beispiel im Unterbau von Bauwerken oder Straßen eingesetzt. Ebenso kann das Material als Zuschlag für neue Stahlbetonbauteile verwendet werden. Dies ist ein typisches Beispiel für Downcycling.

■ **Tipp:** Auf lokaler Ebene gibt es diverse Bauteil- und Recyclingbörsen und im Internet einige Anbieter bzw. Plattformen (wie www.rotordc.com, www.concular.com, www.madaster.com, www.restado.de). Dieser noch recht kleine und sich verändernde Dokumentations- und Baumarkt gebrauchter Baustoffe wird in Zukunft erheblich wachsen und neue Formate hervorbringen.

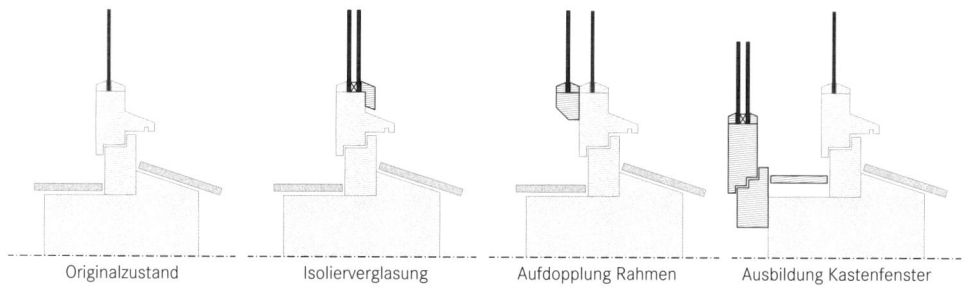

| Originalzustand | Isolierverglasung | Aufdopplung Rahmen | Ausbildung Kastenfenster |

**Abb. 26: Upcycling am Beispiel eines Fensters**

Bei vielen Bauteilen braucht es zudem einen kreativen Umgang. So können beispielsweise alte Fenster nicht mehr mit heutigen Energie- und Dichtigkeitsstandards mithalten. Wenn man sie jedoch aufgedoppelt als Kastenfenster wiederverwendet, lassen sich auch mit alten Fenstern aktuelle Vorschriften einhalten. > Abb. 26

Ein Grundsatz in der Baustoffnutzung sollte sein, dass Abfall erst Abfall wird, wenn das Material nicht mehr zu gebrauchen ist.

### URBAN MINING

Betrachtet man nicht nur die verfügbaren Ressourcen eines zu planenden Gebäudes, sondern erweitert den Fokus stattdessen auf ganze Städte und Regionen, so ergibt sich ein enormes Potenzial an Bausubstanz, das als Basis einer Kreislaufwirtschaft im Bau genutzt werden kann und sollte. Diese als Urban Mining bezeichnete Vorgehensweise zielt auf eine Nutzung von bestehenden Ressourcen und den Aufbau einer Secondhand-Kultur im Baubereich.

### EINFACHES BAUEN

*vernakuläre Architektur*

Betrachtet man historische Gebäude einer bestimmten Region (auch als vernakuläre Architektur bezeichnet), dann stellt man fest, dass sie mit meist einfachen Konstruktionsweisen und klaren Fügeprinzipien den

> **○ Hinweis:** Bestehende Halden, die früher als finale Lagerung von Abfallmaterial eher als unausweichliches Problem gesehen wurden, werden zunehmend als Ressourcenlager wahrgenommen. Es bleibt abzuwarten, ob in Zukunft die Öffnung und Aufbereitung bestehender Abfallhalden eine wirtschaftliche Alternative zur Gewinnung von Rohstoffen wird.

jeweiligen regionalen Klimaeinflüssen genügten. Das soll nicht heißen, dass diese Konstruktionsweisen heutigen Nutzungsanforderungen entsprechen und ohne weiteres weiter angewendet werden können. Eine Übertragung der Grundprinzipien dieser vernakulären Architektur ist in vielen Fällen jedoch möglich. Betrachtet man beispielsweise eine Außenwand > Abb. 27, so umfasst eine tragkonstruktiv optimierte Wand mit aufgebrachtem Wärmedämmverbundsystem (WDVS) schnell zehn verschiedene Schichten bzw. Bauelemente, die einzeln für den Einsatzort optimiert und größtenteils miteinander verklebt sind. Die selben Wärmedämmeigenschaften lassen sich jedoch mit porösem und einschichtigem Mineralbaustoff oder alternativ mit Holzbauteilen und Lehmschichten herstellen, die in ihrer Materialität, ihren bauphysikalischen Eigenschaften, ihrer Rezyklierfähigkeit, ihrer Resilienz gegenüber Ungenauigkeiten bei der Herstellung und ihrer Trennbarkeit in die einzelnen Materialien wesentliche Vorteile bieten.

Eine Strategie kann daher sein, sich auf einfaches Bauen zu fokussieren. Ziel ist es dabei, die heutigen Anforderungen an Wärmeschutz, Behaglichkeit etc. mit einfachen Baustoffen und einfachen Konstruktionen zu erreichen. Dass dies grundsätzlich möglich ist, steht außer Frage – jedoch sind einfache Konstruktionen leider nicht immer auch die günstigsten. Durch technische Optimierung von Baustoffen werden teilweise

*Einfaches Bauen*

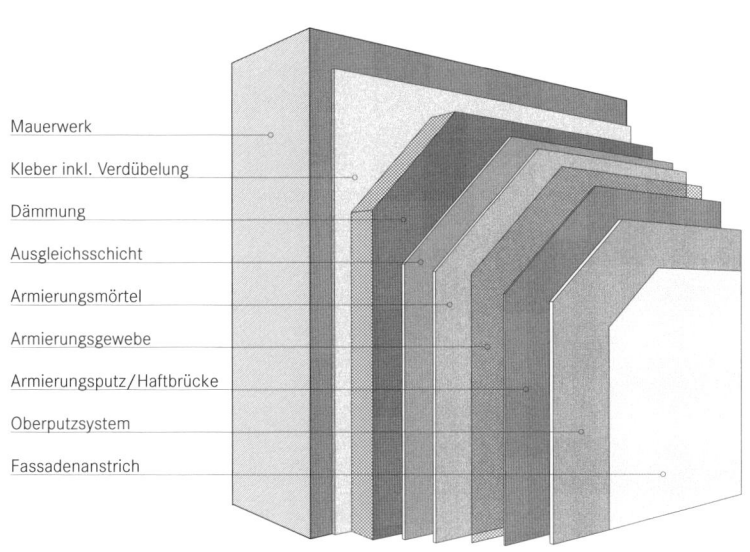

Mauerwerk
Kleber inkl. Verdübelung
Dämmung
Ausgleichsschicht
Armierungsmörtel
Armierungsgewebe
Armierungsputz/Haftbrücke
Oberputzsystem
Fassadenanstrich

**Abb. 27: Beispiel Außenwand – Schichtaufbau**

Abb. 28: Beispiele vernakulärer Konstruktionsweisen

- deutlich kürzere Einbauzeiten, Trocknungszeiten oder der Einbau auch bei widrigen Wetterverhältnissen ermöglicht, was in der Summe zu günstigeren Ausführungsvarianten führt. Zudem werden traditionelle Baustoffe oft nicht als Massenprodukt auf dem Markt angeboten, sodass sie aufgrund ungünstiger Produktionsbedingungen preislich nicht konkurrenzfähig sind. Je stärker solche Baustoffe und Bauteile in Zukunft nachgefragt werden, desto mehr reduzieren sich aufgrund der Professionalisierung der Herstellung auch die Baustoffkosten.

**REDUKTION**

Eine weitere Strategie kann es sein, Ressourcenverbräuche mit Blick auf das zu erreichende Ziel zu minimieren. Hierzu gibt es die drei Ansätze der Suffizienz, der Konsistenz und der Effizienz. > Abb. 29

### Suffizienz

Die Suffizienz geht der Fragestellung nach, wie viele Ressourcen notwendig sind, um ein bestimmtes (Grund-)Bedürfnis zu bedienen. Suffizienz zielt zunächst auf nachhaltige Konsummuster und die Angemessen-

> ● **Beispiel:** Eine Stampflehmwand aus örtlichem Lehm, der gegebenenfalls sogar ohne Anfahrt und Kauf verfügbar ist, ist eine der nachhaltigsten Bauweisen für Wände. Da der Lehm jedoch gefördert und aufbereitet werden muss und die Stampflehmwand manuell in Schichten mit Unterbrechungen zur Trocknung erstellt wird, ist die Arbeit sehr zeitintensiv und macht das Bauteil durch die implementierten hohen Lohnkosten teuer. Mittlerweile gibt es jedoch Anbieter, die Stampflehmwände werkseitig vorfertigen und somit den Arbeitsaufwand vor Ort erheblich reduzieren.

Abb. 29: magisches Dreieck Suffizienz, Konsistenz und Effizienz

heit von Verbräuchen insbesondere des wohlhabenden Teils der Weltbevölkerung. Wie viel Konsum brauchen wir, um unseren Lebensstandard zu halten? Diese Frage lässt sich ebenso auf die Planung von Gebäuden übertragen und ist bereits in der Phase der Projektentwicklung relevant. Durch das Hinterfragen standardisierter Raumprogramme lassen sich Flächen oft optimieren; durch das Hinterfragen, ob ein Ersatzneubau wirklich notwendig ist, lassen sich gegebenenfalls durch Weiternutzung und Anpassung von Bestandsgebäuden viele Ressourcen sparen.

Dieses Prinzip setzt sich in der Planung fort, indem bei Material- und Qualitätsanforderungen hinterfragt wird, ob eine Entscheidung auch für das angestrebte Ziel notwendig ist. Suffiziente Strategien widersprechen in Teilen marktwirtschaftlichen Prinzipien und gesellschaftlichem Statusdenken, daher ist oft ein Zusammenspiel entsprechend verantwortlich tätiger Architekt:innen, Auftraggeber:innen und Nutzer:innen notwendig, um Angemessenheitsfragen zu klären.

Suffizienzstrategien anzuwenden, ist eine der wesentlichen Stellschrauben auf dem Weg zu einer klimaschonenden Bauweise.

○ **Hinweis:** Durch die Reduktion von Flächenanforderungen lassen sich bei einem Neubau deutlich und dauerhaft mehr Ressourcen reduzieren als zum Beispiel durch eine möglichst energieeffiziente Gestaltung. Ein Teil der potenziellen Baumasse muss gar nicht erst eingesetzt werden und es fallen später im Betrieb für diesen Flächenanteil keine Verbräuche an. Daher sollte der Frage, was wirklich sinnvoll und notwendig ist, bei jedem Projekt eine hohe Priorität eingeräumt werden.

■ **Tipp:** Oftmals entstehen Projekte aus einem dringenden Bedarf, sodass Nutzungsbedarfe so hoch angesetzt werden wie im Projektrahmen möglich. Hierbei lassen sich über physische Raumvergleiche Dimensionen für die geplante Nutzung vermitteln, sodass Nutzer:innen ein besseres Verständnis für das richtige Maß erhalten. Zudem helfen multifunktionale Nutzungsansätze und das Hinterfragen von Abläufen, Räume zu vermeiden, die nur monofunktional für kurze Phasen genutzt werden und ansonsten ungenutzt bewirtschaftet werden müssen.

## Konsistenz

Ein weiterer Baustein auf dem Weg zur Nachhaltigkeit ist die Konsistenz. Im Wesentlichen geht es dabei um das Aufgreifen von Prinzipien und Stoffkreisläufen der Natur, ohne diese zu zerstören oder auszubeuten. Übertragen auf das Bauwesen wäre beispielsweise die Nutzung von örtlichem Lehm eine konsistente Bauweise, da der Lehm nach dem Ende der Nutzungszeit wieder in den natürlichen Kreislauf eingebracht werden kann.

Man kann diese Strategie jedoch auch im weiteren Sinn verstehen und anwenden. Nutzt man natürliche und regionale Bauprodukte, so lassen sich diese perspektivisch besser in Kreisläufen denken. Zudem entfallen lange Transportwege, die ebenfalls meist unnötige Verbräuche erzeugen.

● Ebenso kann die Konsistenzstrategie auf Konstruktionsweisen übertragen werden, die sich den regionalen klimatischen Situationen mit ortsüblichen Bautraditionen aus vergangenen nachhaltigen Bauepochen anpassen und sich durch reversible Aufbauten immer wieder in die Stoffkreisläufe zurückführen lassen.

## Effizienz

Bei der Effizienz geht es schlussendlich um den möglichst optimierten Einsatz von Ressourcen und Energie. Dieser Optimierungsgedanke zielt darauf, keine eingesetzten Ressourcen zu verschwenden und somit das maximal Mögliche aus den Ressourcen herauszuholen.

Da die Effizienzstrategie die einzige ist, die keine Konflikte mit marktwirtschaftlichen Wachstumsstrategien erzeugt, ist die Effizienz in vielen Staaten seit Jahrzehnten Grundlage der gebäudeenergiebezogenen Gesetzgebung. Sie ist allerdings im Dreiklang Suffizienz, Konsistenz und Effizienz die schwächste, da sie den eigentlichen Ressourcenverbrauch nicht grundlegend einzudämmen versucht, sondern nur auf eine möglichst effiziente Nutzung abzielt. Die Effizienz sollte daher als wichtiger Baustein auf den vorgenannten Strategien aufsatteln.

> ● **Beispiel**: Wird ein lokaler Naturstein verwendet, so ist dieser mit Ausnahme des Abbaus und des kurzen Transports $CO_2$-neutral. Soll jedoch ein Naturstein von einem anderen Kontinent verbaut werden, so entstehen lange Lieferketten: Vor Ort existieren gegebenenfalls wenig nachhaltige Abbaumethoden oder problematische Arbeitsumgebungen, dann muss das Material zu einem Hafen und mit Schiffen transportiert werden, um an einem anderen Ort final bearbeitet zu werden. Darauf folgen erneut lange Transportstrecken zum Bestimmungsort.

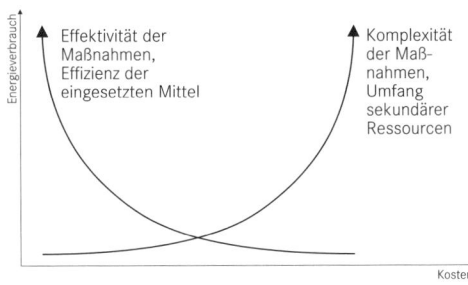

Abb. 30: Kipppunkt von Effizienzmaßnahmen

Ein weiteres Problem der Effizienzstrategie sind Kipppunkte bei der Steigerung der Effizienz, bei denen der Ressourcenaufwand zur Reduktion als Investition größer wird als der eigentliche Ressourcen- oder Energiegewinn im Lebenszyklus. > Abb. 30 So bringt eine dünne Dämmung von 8 cm an einer bisher nicht gedämmten Außenwand einen deutlichen Effizienzgewinn mit Blick auf die Wärmeverluste. Der Unterschied zwischen einer Dämmstärke von 18 cm oder 26 cm mit ebenfalls 8 cm Dicke ist jedoch nur noch rechnerisch nachzuweisen und erzeugt durch Undichtigkeiten, Lüftungswärmeverluste etc. in der Praxis kaum noch Effizienzgewinne.

Darüber hinaus treten bei zunehmender Effizienz Reboundeffekte auf, bei denen Effizienzgewinne durch sich ausweitende Komfortansprüche bzw. sich änderndes Nutzungsverhalten aufgehoben werden.

**KONSTRUKTIONSWEISE**

Die Konstruktionsweise eines Gebäudes ist ein wichtiges Kriterium, um nachhaltige und klimaschonende Gebäude zu planen. An die Konstruktionsweise werden verschiedene Anforderungen gestellt, die im Weiteren beschrieben werden.

○ **Hinweis:** Dieses Phänomen wird oft als Pareto-Prinzip oder 80/20-Regel bezeichnet. Die nach Vilfredo Pareto benannte Theorie besagt, dass mit 20 Prozent Aufwand 80 Prozent Effekt erzielt werden können. Um die letzten 20 Prozent dann noch zu erreichen, braucht es 80 Prozent des Aufwands. Daher ist auch bei Effizienzstrategien mit einem Blick auf die Suffizienz vorzugehen.

● **Beispiel:** Ist ein ungedämmtes Gebäude nur mit hohem Aufwand im Winter zu beheizen, so beschränkt man sich oft auf wenige Räume, die dann im Komfortbereich beheizt werden. Wird das Gebäude hochgedämmt und mit automatisierter Gebäudetechnik ausgestattet, werden in der Regel alle Räume mit einer konstanten Temperatur von 22 bis 24 °C beheizt, sodass ein Teil der eingesparten Energie für einen höheren Nutzungskomfort verbraucht wird.

Grundlegend ist zu beachten, dass Bauteile und Konstruktionen eines Gebäudes keinen gleichmäßigen Lebenszyklus durchlaufen. Während die eigentliche Tragkonstruktion das langlebigste Bauteil ist bzw. sich alle anderen Bauteile an der Lebensdauer der Tragkonstruktion als Obergrenze orientieren müssen, durchlaufen Schichten wie Fassaden, Estriche oder Putze meist einen langen, aber nicht unendlichen Lebenszyklus. Oberflächen wie Bodenbeläge oder Farbanstriche sind aufgrund des Verschleißes oft deutlich häufiger zu erneuern, wohingegen die Lebensdauer der technischen Ausstattung oft je nach Verfügbarkeit von Ersatzteilen, sich wandelnden Ansprüchen oder gesetzlichen Anforderungen sehr stark variieren kann. > Abb. 31 Daraus resultiert, dass bei der Konstruktionsweise Bauteilschichten mit Blick auf den jeweiligen Lebenszyklus angeordnet werden bzw. die haustechnischen Installationen erreichbar sein sollten.

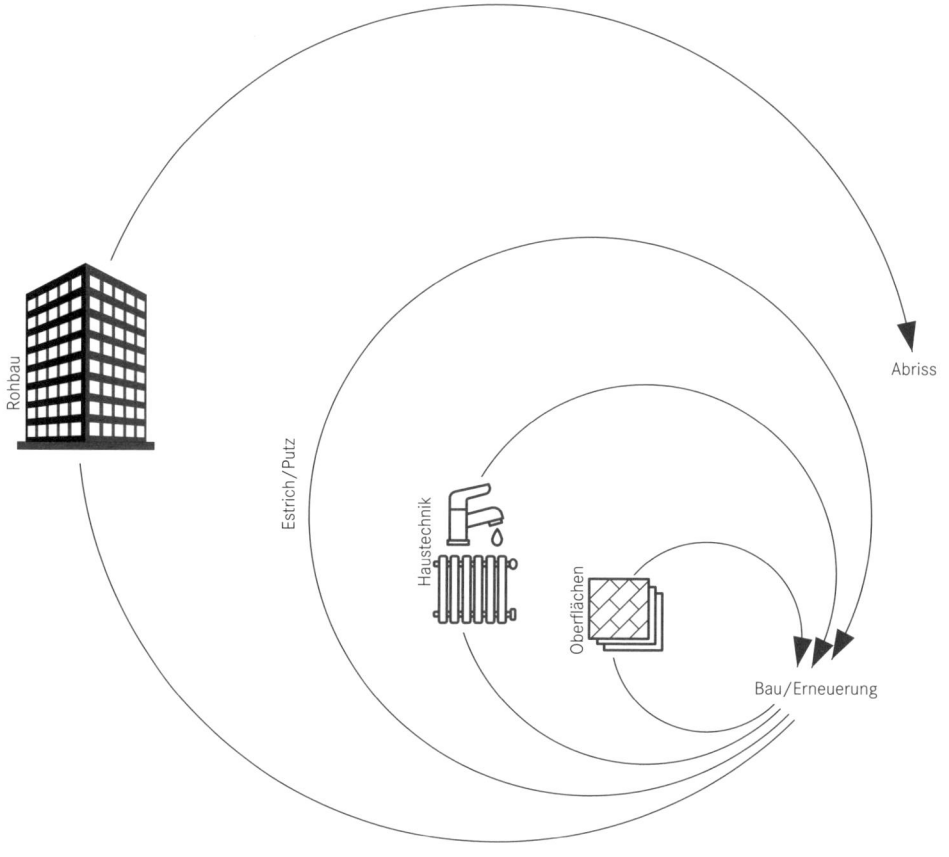

Abb. 31: Lebenszyklus von Bauteilen

## Dauerhaftigkeit

Je länger ein Material im Einsatz ist, desto eher amortisiert sich die Investition mit Blick auf Geld, Energie- und Ressourcenverbrauch. Daher ist es aus Sicht des klimagerechten Bauens immer lohnend, mit langlebigen Materialien und Konstruktionen zu arbeiten. > Abb. 32

Allerdings sind die Zeiträume, in denen die unterschiedlichen Materialien in den verschiedenen Schichten zum Einsatz kommen, sehr unterschiedlich. Einerseits altert das Material auch aufgrund seiner chemischen Zusammensetzung unabhängig von äußeren Einflüssen. Dichtungsmassen beispielsweise werden spröde und können daher nicht mehr ihre Funktion übernehmen. Andererseits lassen äußere Einflüsse ein Material altern oder zerstören es sogar. Wenn beispielsweise die Karbonatisierung von Stahlbeton im Lauf der Jahre durch Witterungseinflüsse oder Salze zunimmt und die Bewehrung korrodiert, verliert das Bauteil irgendwann seine statischen Eigenschaften. Ebenso verschleißen Fußböden oder Anstriche durch jahrelange Nutzung, sodass sie irgendwann unbrauchbar sind.

Es lohnt sich, die Materialwahl vorurteilsfrei vorzunehmen, denn oft werden Materialien bestimmte Eigenschaften zugesprochen, ohne dass dies mit Fakten hinterlegt wäre.

Abb. 32: Lebenszyklusvergleich verschiedener Fassadenmaterialien

| Bauteil/Material | Lebensdauer in Jahren | Häufigkeit des Ersatzes in 50 Jahren |
|---|---|---|
| Klinker, Kalksandstein | > 50 | 0 |
| Sichtbeton | > 50 | 0 |
| Naturwerkstein, Betonwerkstein | > 50 | 0 |
| Harte Belagsmaterialien auf Wärmedämmung verklebt | 30 | 1 |
| Wärmedämmverbundsysteme | 20–40 | 1–2 |
| Holzbekleidungen Nadelholz | 30–40 | 1 |
| Holzschindeln | > 50 | 0 |
| Metallbekleidungen (Zink, Aluminium, Edelstahl) | > 50 | 0 |

● **Beispiel**: Holz ist als Konstruktionsmaterial nicht weniger dauerhaft als ein Massivbau aus Beton oder Mauerwerk, sofern es hinreichend vor Feuchtigkeit geschützt und eine solide Konstruktionsweise gewählt wird. Dies lässt sich in vielen Städten erkennen, deren Altstädte aus Fachwerkhäusern bestehen, die sehr lange Zeiträume überdauert haben.

Abb. 33: Dauerhaftigkeit verschiedener Konstruktionen

| Bauteil/Material | Lebensdauer in Jahren | Häufigkeit des Ersatzes in 50 Jahren |
|---|---|---|
| Bodenplatte | >50 | 0 |
| Abdichtung gegen Bodenfeuchte, drückendes Wasser | 30–50 | 1 |
| Massivwände | >50 | 0 |
| Holzwände | >50 | 0 |
| Hochwertige Türen | >50 | 0 |
| Standard-Türen | 35–40 | 1 |
| Fenster aus Holz, Aluminium, Stahl | >50 | 0 |
| Fenster aus Kunststoff | 40 | 1 |
| Beschläge/Schlösser | 20–30 | 1–2 |
| Dichtstoffe | 10–20 | 2–4 |
| Außenputz | 30–45 | 1 |
| Innenputz | >50 | 0 |
| Anstriche | 5–15 | 3–9 |
| Estriche | >50 | 0 |
| Natur-/Kunststeinbeläge, Fliesen | >50 | 0 |
| Textile Beläge | 10 | 4 |
| Linoleum, Kautschuk, PVC | 20 | 2 |
| Flachdachabdichtungen | 20–40 | 1–2 |
| Dachdeckungen Schiefer, Ziegel, Zink, Kupfer | >50 | 0 |

## Reparierbarkeit

○ Ziel bei der Material- und Konstruktionswahl muss es sein, eine Reparierbarkeit zu ermöglichen, um auch bei Beschädigungen oder Funktionsfehlern die weitere Nutzung aufrechterhalten zu können. Auch wenn ein späterer Austausch aus verschiedensten Gründen notwendig werden kann, sollte dies möglichst nicht zwingend aus den Eigenschaften des Materials erfolgen, weil z.B. die Konstruktionsweise nur auf eine kurze Haltbarkeit ausgelegt ist. Mit Einsatz langlebiger und reparabler Materialien ergibt sich die Chance, dass diese lange im Einsatz bleiben können.

○ **Hinweis**: Grund für einen Austausch vorhandener Materialien und Bauteile im Bestand sind oft ästhetische Anforderungen der Nutzer:innen. Daher sollte bei einer Materialwahl neben den technischen Eigenschaften auch immer berücksichtigt werden, ob ein Material gut altern kann und wie seine optische Wirkung auf Dritte bzw. zu einem späteren Zeitpunkt sein wird.

Abb. 34: Beispiele für die Reparaturfähigkeit von Stahlbeton und Holztragwerken

Oft ist die Reparaturfähigkeit von Bauteilen erst auf den zweiten Blick erkennbar. So ist beispielsweise bei einem Korrosionsproblem eines Stahlbetonbauteils die Sanierung durch Abstemmen der Oberfläche, Reparatur und Schutz der Bewehrung sowie Aufbringen eines Spezialmörtels sehr aufwendig und teuer. Bei einem Fachwerk ist die Sanierung eines beschädigten Holzbalkens durch das Auswechseln und den Ersatz der anschließenden Gefache durch einfache handwerkliche Vorgehensweisen möglich. > Abb. 34 Probleme in einem mehrschichtigen Bauteil hingegen sind ggf. nur durch Demontage oder Abriss der äußeren Schichten zu beheben. Soll beispielsweise eine schadhafte Wärmedämmung an einer Außenwand ausgewechselt werden, so muss ein Wärmedämmverbundsystem komplett ausgetauscht werden. Dabei lassen sich die Verklebungen nur mit hohem Aufwand lösen. Eine Vorhangfassade hingegen lässt sich demontieren und im besten Fall nach dem Auswechseln der Dämmung ohne Verluste wieder montieren.

Beispiel Außenwand

Auch bei Verschleißoberflächen wie Fußböden lassen sich deutliche Unterschiede erkennen. So besteht beispielsweise ein Bodenbelag aus PVC meist aus einer Trägerschicht mit oberflächennahem Schichtdekor, das bei Beschädigung nur bedingt zu reparieren ist. Linoleum hingegen ist ein durchgefärbtes, reines Naturprodukt, das sich bei entsprechender Pflege jahrzehntelang nutzen lässt. Kratzer und rissige Fugen lassen sich immer wieder einpflegen bzw. reparieren. Somit gibt es keinen Zwang, diese Oberfläche auszutauschen und neues Material einzubringen.

Beispiel Bodenbeläge

Auch in der Haustechnik ist die Reparierbarkeit ein wichtiges Thema. Zum einen muss gewährleistet sein, dass zu reparierende Verschleißbauteile wie Ventile, Klappen, Melder oder Regler erreichbar sind. Zum anderen ist es wichtig, technische Anlagen danach auszuwählen, ob Ersatzteile noch lange Zeit lieferbar sind und die Anlage leicht zu reparieren ist.

Beispiel Haustechnik

Leider sind viele Bauteile, die aktuell auf dem Bauproduktemarkt angeboten werden, nicht auf eine Reparierbarkeit, sondern nur auf minimierte Produktionskosten ausgelegt, sodass viele Bauteile wie Türblätter

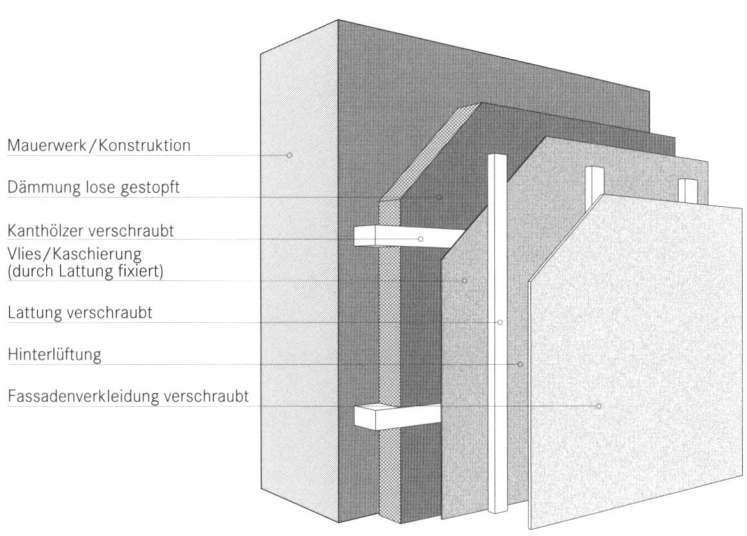

Abb. 35: vollständig selektierbare und demontierbare Vorhangfassade

bei einer Beschädigung ausgetauscht werden müssen. Daher sollte bei der Auswahl beachtet werden, wie der Hersteller die Zusammensetzung und die Konstruktion des jeweiligen Bauteils gewählt hat. Durch eine steigende Nachfrage wächst auch das Verständnis, dass Langlebigkeit und Reparierbarkeit ein Qualitätskriterium sind.

## Demontierbarkeit und Selektierbarkeit

Neben der Reparierbarkeit ist es wichtig, dass Materialien bzw. Bauteile möglichst beschädigungsfrei demontiert und Materialien selektiert werden können. Gerade bei Bauteilen mit mehreren Schichten ist die materialschonende Trennung wesentlich für eine möglichst weitreichende Kreislaufverwendung. > Abb. 35

Es lässt sich nicht vermeiden, dass Bauteile oder einzelne Schichten aus Gründen wie einer Umnutzung, des Verschleißes, neuer gesetzlicher

○ **Hinweis**: In der Gesetzgebung wird zunehmend ein Recht auf Reparatur diskutiert. Auch viele Hersteller denken bereits um: So werden Rücknahmegarantien für Materialien gegeben, um diese wieder in den Kreislauf zu integrieren. Es werden zunehmend Rezyklate in Produktionsprozesse integriert, Montagesysteme angeboten, die eine beschädigungsfreie Demontage ermöglichen, etc. Hier sollten Architekt:innen aktiv nachfragen.

■ **Tipp:** Auch bei Bauteilen, die auf den ersten Blick nicht demontierbar erscheinen, können demontierbare Lösungen umgesetzt werden. So werden zum Beispiel für Vormauerschalen Verbindungselemente angeboten, die ohne Vermörtelung auskommen und immer wieder zum Einsatz kommen können. Estriche können als Trockensysteme mit Nut und Feder eingebaut werden etc.

Vorschriften oder Beschädigung während des Lebenszyklus ausgetauscht werden müssen. Somit sollten bei jeder Planung die Demontage und der Wiedereinsatz von Bauteilen und Materialien mitbedacht und bei der Umsetzung vorbereitet werden. ■

**Leichtes Bauen**

Eine weitere Möglichkeit besteht darin, die eingesetzte Baumasse stark zu reduzieren. Auch wenn Gewicht und Menge der eingesetzten Baustoffe nicht direkt mit der entstehenden $CO_2$-Äquivalenz gleichgesetzt werden können, ist der sparsame Verbrauch von Material grundsätzlich gut für einen geringen Ressourcenverbrauch. Leichte Konstruktionen fokussieren oft die von einem Bauteil geforderten Eigenschaften auf dafür optimierte Bauteilschichten. Beispielsweise wird im Gegensatz zu einer durchgehenden Massivwand der Lastabtrag auf punktuelle Stützen reduziert und die weitere Wand mit Platten- und Dämmstoffschichten so aufgebaut, dass alle Anforderungen an Schall- und Wärmeschutz eingehalten werden. Somit wird die Baumasse deutlich reduziert und es lassen sich im Lebenszyklus dieses Gebäudes ohne große Baumasseneingriffe Veränderungen vornehmen und Materialien selektiv trennen.

Gleichzeitig sorgt ein reduziertes Gewicht von Bauteilen dafür, dass geringere Lasten abgetragen und gegründet werden müssen, was auch bei Sekundärbauteilen zu einer Verringerung der eingesetzten Baumassen führen kann. ●

## MATERIALWAHL

Neben den zuvor beschriebenen Konstruktions- und Fügeprinzipien werden im Folgenden materialbezogene Kriterien erläutert.

**Natürliche Baustoffe**

Im Sinn der Konsistenz (> Kap. Klimaschonende Strategien/Reduktion) ist es einer der besten Wege, natürliche Baustoffe einzusetzen. Sofern sie nicht industriell umgewandelt bzw. chemisch verändert wurden, sind natürliche Baustoffe wie Holz, Lehm oder Naturstein im Wesentlichen schadstofffrei, wiederverwendbar und mit Ausnahme der Abbau-, Aufbereitungs- und Transportprozesse $CO_2$-neutral. ○

---

● **Beispiel**: Wenn statt Mauerwerk Leichtbauwände als Innen- und Außenwände zum Einsatz kommen, erhalten die Deckenplatten geringere Lasten, die geringe Dimensionen und Eigenlasten bedingen. Dies wiederum führt zu einem deutlich geringeren Lastabtrag über die vertikalen Bauteile, der dann von der Fundamentierung und vom Baugrund aufzunehmen ist. Ggf. lassen sich so aufwendigere Gründungsmaßnahmen vermeiden.

○ **Hinweis**: Baustoffe im Bestand wurden oft chemisch behandelt und sind vor einer Weiternutzung auf Schadstoffe zu prüfen. Natürliche Baustoffe können auch ohne Fremdeinwirkung Schadstoffe absondern. So ist es möglich, dass auch unbehandeltes Holz VOCs (Volatile Organic Compounds) in die Raumluft absondert.

Allerdings ist der Einsatzbereich natürlicher Baustoffe unter dem Blickwinkel heutiger Lebensstandards begrenzt und kann nicht als flächendeckender Lösungsansatz herangezogen werden. So lassen sich Gebäude ausschließlich aus Holz, Lehm oder Naturstein nur in kleinen Segmenten realisieren. Meist sind natürliche Baustoffe jedoch problemlos in die Planung zu integrieren. Selbst wenn sie industriell nachbearbeitet wurden, ist der Energieaufwand oft viel geringer als bei herkömmlichen Ansätzen.

### Materialien mit geringer $CO_2$-Äquivalenz

Wie bereits im Kapitel Klimawandel/Treibhauspotenzial beschrieben, ist ein wichtiges Instrument die Reduktion des $CO_2$-Ausstoßes im gesamten Lebenszyklus von Gebäuden. > Abb. 36 Um den Energieaufwand bei der Herstellung verschiedener Materialien und Bauteile bewerten zu können, lassen sich Werte heranziehen, die fast alle Hersteller erfassen.

Environmental Product Declaration (EPD)

Das Treibhauspotenzial eines Produkts wird in der Regel über die $CO_2$-Äquivalenz bewertet. Die meisten Hersteller bieten inzwischen $CO_2$-Informationen für ihre Produkte an. Diese sind weltweit einheitlich nach der ISO 14025 und der europäischen Norm EN 15804 aufgebaut. Die Ermittlung der $CO_2$-Äquivalenzen erfolgt zudem auf den Berechnungsmethoden der Ökobilanzierung. > Kap. Bewertungsmethoden/Ökobilanzierung und Stoffstromanalyse

Teilweise lassen sich Produktgruppen bilden, die recht einheitliche $CO_2$-Äquivalenzen aufzeigen, weil ihre Produktionsschritte recht gut vergleichbar sind. Andererseits gibt es Bauteile, welche je nach Hersteller
● bzw. Produkt sehr spezifische $CO_2$-Ausstöße aufweisen. > Abb. 37

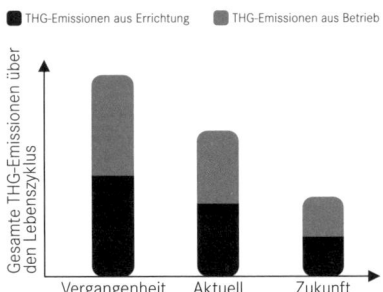

Abb. 36: Reduktion von Treibhausgasen

● **Beispiel**: Betrachtet man die $CO_2$-Ausstöße verschiedener Klinker, so zeigen sich große Unterschiede. Dies liegt beispielsweise an der Art des Brennvorgangs, der Anzahl von Brennvorgängen und der Frage, welche Energieform für den Betrieb des jeweiligen Brennofens verwendet wird. Ebenso lassen sich mehrschichtige Bauteile wie Vorhangfassaden oder Trockenbaukonstruktionen nur bedingt verallgemeinern.

Abb. 37: GWP-Werte ausgewählter Materialien für die Herstellungsphase (A1–A3)

| Material/Bauteil | Kg $CO_2$ eq |
|---|---|
| **Mineralische Baustoffe** | |
| Kalksandstein | 126 |
| Fassadenklinker | 533 |
| Transportbeton C25/30 | 229 |
| Transportbeton C30/37 | 244 |
| Porenbeton | 283 |
| Stampflehmwand | 9 |
| Lehmbaustein | 94 |
| Leichtbeton aus Blähton | 193 bis 239 |
| Leichtbeton aus Naturbims | 46 |
| Schieferplatten | 15 |
| Dachziegel | 15 |
| Faserzementplatte | 7 |
| Gipsplatte | 1 bis 3 |
| Lehmbauplatte | 0,05 |
| Gips-Innenputz | 119 |
| Kalk-Innenputz | 191 |
| Lehmputz | 93 |
| **Dämmstoffe** | |
| Mineralwolle-Fassadendämmung | 70 |
| Mineralwolle-Flachdachdämmung | 210 |
| Mineralwolle-Innendämmung | 40 |
| EPS (Rohdichte 20 kg/m³) | 58 |
| EPS (Rohdichte 30 kg/m³) | 85 |
| XPS | 96 |
| Holzwolleleichtbauplatte | –29 |
| Zellulose-Dämmplatten | –20 |
| Baumwolldämmung | –1 |
| Strohballen | –127 |
| **Holz** | |
| Konstruktionsvollholz | –643 bis –769 |
| Brettschichtholz | –605 bis –764 |
| Sperrholzplatte | –709 |
| OSB-Platte | –609 |
| Thermisch behandeltes Holz | –226 |

| Material/Bauteil | Kg CO$_2$ eq |
|---|---|
| **Metalle** | |
| Betonstahl | 474 |
| Stahlprofil verzinkt | 1363 bis 2875 |
| Stahlblech | 2453 |
| Edelstahlblech | 3623 |
| Aluminiumblech | 10 |
| **Bodenbeläge** | |
| PVC-Bodenbelag | 7 |
| Linoleum-Bodenbelag | 4 |
| Laminate | 1262 |
| Nadelvlies | 9 |
| Keramische Fliesen und Platten | 6 bis 11 |
| **Beschichtungen/Anstriche** | |
| Dispersion-Fassadenfarbe | 2081 |
| Silikonharz-Fassadenfarbe | 1374 |
| Dispersion-Innenfarbe | 3 |
| Kalk-Innenfarbe | 1 |
| Decklack Fenster | 1893 |
| Parkettlack | 1914 |

**Hinweis:** die Daten stammen aus der ÖKOBAUDAT und wurden nicht auf Richtigkeit oder Aktualität geprüft. Teilweise weichen ÖKOBAUDAT- und EPD-Daten einzelner Hersteller deutlich voneinander ab.

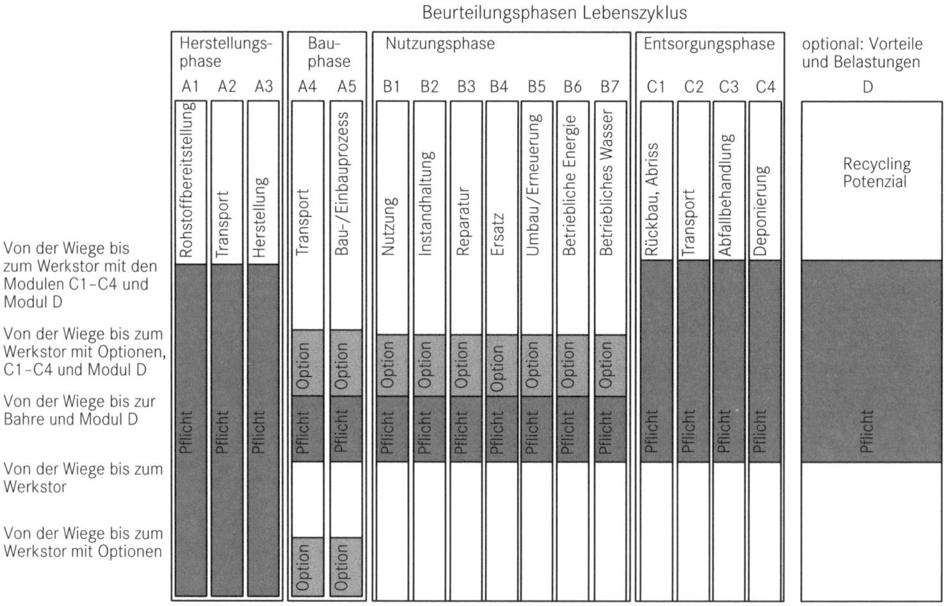

Abb. 38: EPD-Betrachtungshorizont im Lebenszyklus nach EN 15804

Ebenso muss bei einer Betrachtung die Frage gestellt werden, welcher Betrachtungshorizont im gesamten Lebenszyklus eines Gebäudes herangezogen wird. Seitens der Hersteller können verlässliche Daten für die Herstellungsphase des Bauprodukts (A1–A3) und ggf. noch für die Bauphase (A4–A5) bereitgestellt werden. Sollen auch die Nutzungsphase (B1–B7) und die Entsorgungsphase (C1–C4) betrachtet werden, so müssen einheitliche Berechnungsannahmen zugrunde gelegt werden. > Abb. 38

Betrachtungshorizont im Lebenszyklus

**Rezyklate**

Bau- und Abbruchabfälle bilden mehr als die Hälfte aller Abfälle. Selbst Siedlungsabfälle und Abfälle aus Industrie und Gewerbe nehmen im Vergleich nur jeweils etwas mehr als ein Fünftel der Bau- und Abbruchabfälle ein. > Abb. 39 Dieser enorme Anteil offenbart ein großes Problem der linearen Ressourcenverbräuche in der Bauwirtschaft und zeigt die Notwendigkeit auf, zirkulär mit Rezyklaten zu arbeiten.

Abfallaufkommen

Es gibt bereits seit vielen Jahrzehnten einen etablierten Recyclingweg, in dem Erdaushub und mineralische Abbrüche wiederverwendet werden. Dies geschieht jedoch fast ausschließlich als Downcycling (> Kap. Klimaschonende Strategien/Rezyklierfähigkeit und Wiederverwendung) im Erd- und Straßenbau, indem Abbruchmaterial als Untergrund genutzt wird. Abbruchmaterial durchlebt somit noch eine weitere Nutzungsphase, wird jedoch nicht zur Reduktion des Bedarfs an Baumaterial im Hochbau eingesetzt. Insbesondere Ausbauteile werden fast ausschließlich linear verwendet. > Abb. 40

Downcycling in der Praxis

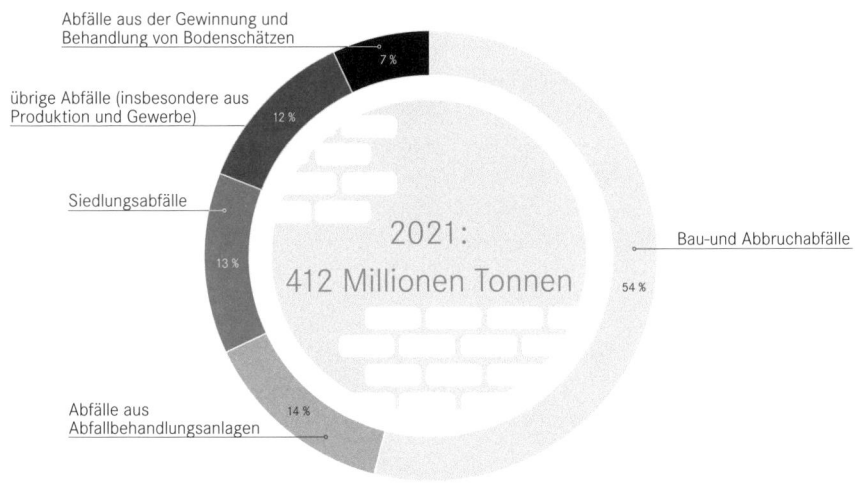

Abb. 39: Anteile der verschiedenen Bereiche am Abfallaufkommen in Deutschland

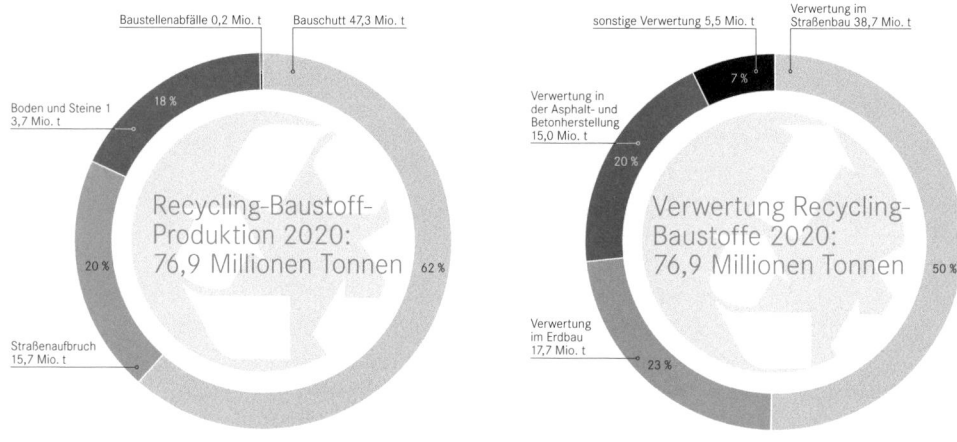

**Abb. 40:** Anteile der Recycling-Baustoffe am Gesamtaufkommen und deren Verwertung

Upcycling in der Praxis

Dabei ist es elementar, dass Abbruchbauteile wieder in den Stoffkreislauf eingebracht werden, um den Ressourcenverbrauch bei der Bereitstellung von Baumaterial signifikant zu reduzieren. Nur in geringem Umfang lassen sich Bauteile direkt wiederverwenden. Oft ist eine Aufarbeitung bzw. Überarbeitung notwendig, um Beschädigungen zu reparieren und die Gebrauchstauglichkeit wiederherzustellen. Auch ist es vielfach notwendig, die Bauteile so aufzubereiten, dass sie den heutigen Anforderungen entsprechen.

Auch ist es für Architekt:innen und Auftraggeber:innen oft schwierig, genehmigungsrelevante oder brandschutztechnisch relevante Bauteile wie Fenster und Türen wiederzuverwenden. Einerseits ist deren Verfügbarkeit zum Zeitpunkt eines Bauantrags noch nicht geklärt, andererseits sind die Eigenschaften der Bauteile oft nicht mehr klar nachzuweisen und müssen neu geprüft werden.

○ **Hinweis**: In vielen Staaten werden dem Gebäude entnommene Materialien und Bauteile per Gesetzgebung als Abfall deklariert, sodass es notwendig wird, sie neu zu bewerten und zu prüfen, bevor sie wieder als Baustoffe zum Einsatz kommen dürfen. Diese Hürden beim Recycling müssen aufgrund der notwendigen Transformation abgebaut werden, ohne dass dabei Qualitäts- und Sicherheitsaspekte missachtet werden.

● **Beispiel**: Wenn man in den Zeichnungen für einen Bauantrag eine bestimmte Fenstergröße verwendet, dann muss geklärt sein, dass diese zum Zeitpunkt der baulichen Umsetzung (meist mindestens ein Jahr später) auch zur Verfügung steht. Durch den noch sehr kleinen Markt für rezyklierte Baustoffe funktioniert das vor allem, wenn man die Baustoffe gesichert vom geplanten Abbruch eines Gebäudes erhalten kann oder sie schon zur Verfügung hat und für den Zeitraum bis zum Einbau einlagert.

## NUTZUNG VON TECHNIK

Ein weiterer wichtiger Aspekt ist die Frage nach dem sinnvollen Technisierungsgrad eines Gebäudes und dem Einsatz von innovativer Technik. Auf der einen Seite helfen haustechnische Installationen, eine entsprechend qualitative Nutzung zu gewährleisten und den Komfortwert von Nutzungen den Ansprüchen gerecht zu gestalten. Andererseits macht aus dem Blickwinkel des gesamten Lebenszyklus ein hoher Technisierungsgrad ein Gebäude störungsanfällig und abhängig, da es nur auf Basis einer funktionierenden und – im Verhältnis zur Bausubstanz – teilweise deutlich kurzlebigeren Technik auch entsprechend genutzt werden kann.

*Technisierungsgrad von Gebäuden*

Ziel bei der haustechnischen Planung sollte es also sein, zunächst über bauliche Maßnahmen Nutzungs- und Komfortwerte herzustellen, bevor haustechnische Anlagen genutzt werden müssen. ■

*Ziele der Haustechnik*

Gleichzeitig hilft Haustechnik und insbesondere auch die automatisierte Regelung von Installationen und Anlagen, den Einsatz von Energie auf das Notwendige zu begrenzen und unproduktive Überkapazitäten zu vermeiden. ●

Zwischen dem Hightech-Ansatz, bei dem sich aus einem optimiert ausgelegten Betrieb der Technisierungsgrad ergibt, und dem Lowtech-Ansatz, bei dem Technik nur dort eingesetzt wird, wo es zwingend notwendig ist, muss bei jedem Projekt abgewogen werden, mit welchem Technisierungsgrad eine suffiziente und bedarfsorientierte Nutzung erreicht werden kann. Bei der Planung der Haustechnik sollte der Blick jedoch immer auf den gesamten Lebenszyklus und die jeweiligen Zwänge bei der Lebensdauer einzelner Bauteile sowie den Energieverbrauch der Technik im Nutzungszeitraum gerichtet werden.

*Hightech – Lowtech*

### Energiegewinnung – Nutzung alternativer Energiequellen

Jedes Gebäude braucht Energie in Form von Strom, Wärme und ggf. Kühlung. Auf der einen Seite ist es sinnvoll, den Energieverbrauch zu reduzieren, indem man suffizient und effizient damit umgeht. > Kap. Klimaschonende Strategien/Reduktion Zum anderen ist es wesentlich, dass die benötigte Energie regenerativ erzeugt wird. Wenn ein Gebäude vollständig mit er-

---

■ **Tipp**: Wird beispielsweise der sommerliche Wärmeschutz über bauliche Maßnahmen und eine gute Durchlüftung verbessert, so müssen weniger Wärmelasten reduziert werden. In der Folge kann ggf. auf eine dauerhafte und energieintensive Kühlung verzichtet werden. In ähnlicher Form lassen sich viele Bedarfe an technischer Kompensation reduzieren.

● **Beispiel**: Wird die Beleuchtung in Nebenräumen öffentlicher Gebäude über Schalter gesteuert, so ist zum Beispiel in WC-Anlagen die Beleuchtung oftmals über den ganzen Nutzungszeitraum eingeschaltet. Wird diese jedoch über Bewegungsmelder gesteuert, so wird nur bedarfsgerecht beleuchtet, was zu einer deutlichen Reduktion der eingesetzten Energie führt.

Zentrale/dezentrale Erzeugung

neuerbaren Energien versorgt wird, ist die Belastung des Klimas in der Nutzungsphase minimiert. Daher müssen auch Effizienzmaßnahmen immer suffizient geplant werden, um ein sinnvolles Maß zwischen Ressourceninvestition und Nutzen im Lebenszyklus abzuwägen.

Die Netze der meisten Städte und Gemeinden, die Gebäude mit Strom und ggf. Wärme von zentralen Erzeugern beliefern, sind über Jahrzehnte entstanden und basieren meist auf Basis der Verbrennung fossiler Energiequellen oder auf Atomkraft. Auch zukünftig werden zentrale Energieerzeuger eine wichtige Rolle spielen, dann allerdings auf Basis regenerativer Quellen wie Geothermie-Tiefenbohrungen oder Wind- bzw. Solarparks. Die regenerative Versorgung von Gebäuden wird zukünftig deutlich höhere Lasten in Strom- und Wärmenetzen notwendig machen. Da jedoch die Kapazitäten der bestehenden Netze dafür nicht ausgelegt sind und großflächige Aufstell- bzw. Bohrungsmöglichkeiten zumindest

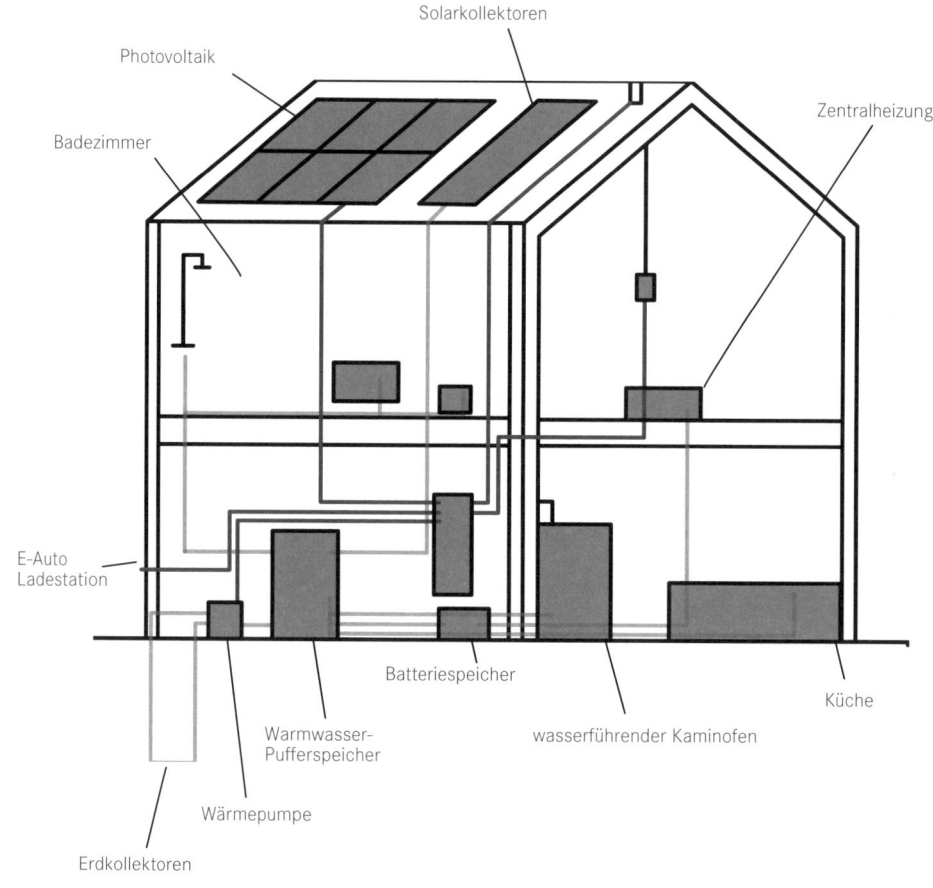

Abb. 41: Beispiel für die dezentrale Versorgung eines Gebäudes

in energieintensiven Ballungsräumen auch nur begrenzt zur Verfügung stehen, sind dezentrale Lösungen zur Versorgung notwendig und sinnvoll. Strom und Wärme, die im Kontext eines Gebäudes erzeugt werden, müssen nicht über kapazitativ begrenzte Netze transportiert werden. Außerdem ist der Verlust an Primärenergie aufgrund der ausbleibenden Wegstrecken geringer. > Kap. Ressourcen- und Energieverbräuche/Primärenergie

Bei der dezentralen Erzeugung von Energie ergibt sich jedoch das Problem, dass diese nicht unbedingt dann erzeugt werden kann, wenn sie auch benötigt wird. Dies betrifft den Tagesablauf, da zum Beispiel Photovoltaikanlagen nachts keinen Strom erzeugen. Hinzu kommen saisonale Unterschiede, da im Sommer durch Solarthermie oft viel mehr Energie erzeugt werden kann als benötigt, sie im Winter jedoch nicht ausreicht, um das Gebäude ausreichend zu beheizen. Somit wird es notwendig, entsprechende Pufferungsmöglichkeiten bzw. Speicherkapazitäten aufzubauen. > Abb. 41

<small>Speicherung von Energie</small>

## Innovation und experimentelles Bauen

Neben etablierten konstruktiven und haustechnischen Lösungen braucht es in allen Bereichen auch Innovationen, um den sich stark verändernden Herausforderungen gerecht zu werden. Hierunter fallen typische Bereiche wie Baustoffe, Konstruktionsweisen oder die Haustechnik – aber insbesondere neue Denkweisen bei der Konzeption und beim Entwurf von Gebäuden.

Viele Bauprodukthersteller arbeiten an neuen Konzepten, neuen ressourcenschonenden Produkten und der Verbesserung von Rezyklierprozessen. Es gibt zudem viele neue Entwicklungen, die auf natürliche und nachwachsende Rohstoffe setzen. Beispielhaft sei das Bauen mit Pilzmyzel genannt, das sich noch in der Erprobungsphase befindet. Das Pilzmyzel bildet hierbei bauliche Strukturen, die in Verbindung mit anderen Materialien eine hohe Festigkeit und vollständige Kompostierbarkeit bieten und eine freie Formenwahl ermöglichen.

<small>innovative Baustoffe</small>

**Abb. 42: Beispiele nachwachsender Baustoffe**

Abb. 43: Beispiele innovativer Konstruktionsweisen

innovative Konstruktionsweisen

Ebenso geraten schnellwachsende Pflanzen wie Bambus, Paulownia, Miscanthus oder Algen in den Fokus der Forschung, um zukünftig in kurzen Anbauphasen möglichst viel Baustoff bereitstellen zu können. > Abb. 42

Ebenso sind viele neuartige und innovative Konstruktionsweisen in der Entwicklung. Hierunter fallen zum Beispiel wachsende Tragkonstruktionen, die aus lebenden Pflanzen wie Spalierbäumen entstehen, oder elementweise Fügungen bei bisher verbundenen Bauteilen wie Mauerwerk ohne Mörtel, Palettenhäusern oder dem Strohballenbau. Auch digitale Planungsinstrumente wie das parametrische Design helfen, besonders leichte und demontierbare Konstruktionen zu entwickeln.

Schlussendlich ist es wichtig, wieder viel mehr experimentell zu bauen, um neue Lösungsansätze für die Herausforderungen des Klimawandels zu finden.

# Ansätze im Planungsprozess

Ein klimaschonendes Planen und Bauen anzustreben, durchzieht alle Planungsphasen und Planungsbereiche eines Gebäudes. Dieser teilweise mehrere Jahre dauernde Prozess prägt den gesamten Lebenszyklus und bestimmt die Parameter, wie ein Gebäude genutzt werden kann und welche Auswirkungen zukünftige Veränderungen bis hin zum Rückbau haben werden. Daher ist es notwendig, dass Architekt:innen in der Planung den Blick nicht nur auf die aktuelle Planungs- und Errichtungsphase bzw. das Ergebnis nach Fertigstellung richten, sondern die Belange des gesamten Lebenszyklus berücksichtigen.

Grundsätzlich ist es wichtig, sich mit allen Fachplaner:innen und Auftraggeber:innen im Bereich Klimaschutz auf Ziele zu einigen und immer wieder neue Verbesserungen zu diskutieren. Daher werden im Folgenden einige Ansatzpunkte und Stellschrauben im Planungsprozess angesprochen.

## STADTPLANERISCHE ANSÄTZE

Betrachtet man zunächst die Stadtplanungsebene, dann sind mehrere Themenfelder übereinanderzubringen. Grundsätzlich gilt hier ebenso wie auf der Maßstabsebene des Gebäudes, dass Bestandssituationen möglichst lange genutzt werden sollten, denn jede Veränderung bedeutet eine Emission von Treibhausgasen und einen Verbrauch von Ressourcen. Zum Erhalt städtischer Quartiere und sozialer Strukturen können jedoch auch Eingriffe notwendig werden, um beispielsweise sich verändernde Bedarfe zu decken, negative Entwicklungen aufzuhalten oder einfach nicht mehr zeitgemäße Strukturen anzupassen. Hinzu kommt, dass in vielen Regionen der Welt ein enormer Wachstums- und Veränderungsdruck herrscht, um wachsenden oder sich verändernden Bevölkerungsstrukturen entsprechend Wohnraum und Infrastruktur zu bieten.

In Folge des Klimawandels rücken zudem Phänomene in den Vordergrund, die eine Neuausrichtung der Stadtplanung notwendig machen. Städte sind teilweise nicht mehr auf sich schnell verändernde und extreme Wetterereignisse wie Hitzeperioden, Starkregen, Überschwemmungen oder Stürme eingestellt. So gilt es, Städte resilient gegen diese Ereignisse zu machen.

*Klimafolgen in der Stadt*

Gegen Hitzeereignisse helfen zum Beispiel die Begrünung von Gebäuden und Stadträumen, Verschattungen, Rückzugsorte für die Menschen und die Berücksichtigung von Frischluftschneisen, die kühlere Luft in die Stadt bringen. ∎

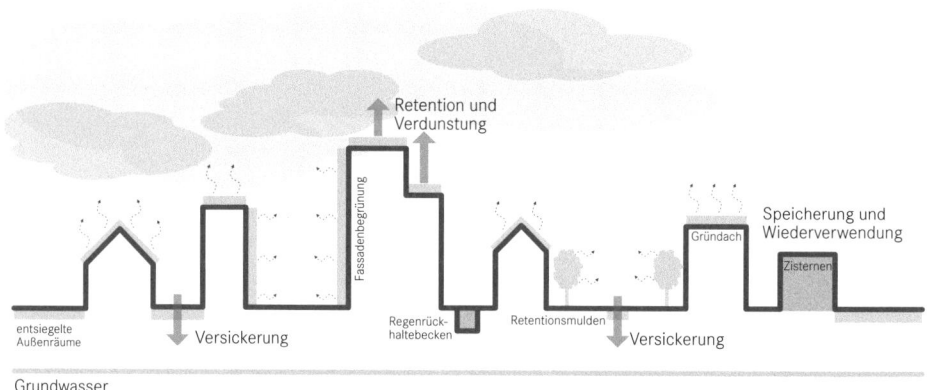

**Abb. 44: Möglichkeiten der Retention in Schwammstädten**

Gegen Starkregenereignisse helfen neben leistungsfähigen Kanalisationen zum Abführen großer Wassermassen vor allem die Entsiegelung von Flächen zur Aufnahme von Wasser an dem Ort, wo es auftrifft, und die Berücksichtigung von Retentionsflächen, die Wasser temporär speichern bzw. zurückhalten, um es dann verzögert abzugeben. Dies können bauliche Anlagen wie Rückhaltebecken oder Rigolen, abgesenkte Bereiche zur bewussten Überflutung bei Starkregen oder Begrünungen sein.

○ Mobilitätskonzepte

Neben der Betrachtung des Stadtklimas ist es wichtig, auch Mobilitätskonzepte zu hinterfragen und Städte auf neue Formen der Mobilität auszurichten. Die Fokussierung auf den Individualverkehr mit Pkws erzeugt erhebliche Flächenbedarfe und Versiegelungen für den fahrenden und ruhenden Verkehr, starke Emissionen in den Städten und verdrängt andere Mobilitäts- und Aufenthaltsformen aus dem öffentlichen Raum. Daher ist es wichtig, gleichzeitig qualitative Aufenthalts- und Grünflächen sowie komfortable und klimafreundliche Mobilitätsräume für Fußgän-

■ **Tipp**: In Städten ist es in der Regel deutlich heißer als im nichtbebauten Gelände. Es ist für die Bewohnbarkeit und Nutzbarkeit von Städten sehr wichtig, nicht nur im Rahmen der Stadtplanung, sondern bei jedem Projekt in Städten darauf zu achten, einen Beitrag zum Stadtklima zu leisten. Dies kann beispielsweise durch Dach- und Fassadenbegrünungen, geringe Wärmespeichermassen im Außenbereich, eine geringe Versiegelung und die Reduktion von Wärmeemissionen, zum Beispiel von Klimaanlagen, erfolgen.

○ **Hinweis**: Bei Starkregenereignissen ist es wesentlich, dafür zu sorgen, dass die Kanalisation nicht an ihre Kapazitätsgrenzen kommt und das Wasser verzögert zugeführt wird. Durch Schaffen von Gründächern und entsiegelten Außenräumen kann die Abflussmenge des Regenwassers erheblich reduziert werden. Man spricht bei der strategischen Planung von Starkregenresilienzen auch von Schwammstädten.

Abb. 45: Transformation des Stadtraums in Barcelona

Abb. 46: Beispiele von Ad-hoc-Maßnahmen in Städten

ger:innen, Radfahrer:innen und den öffentlichen Personennahverkehr (ÖPNV) zu schaffen. Ebenso ist die Liefer- und Versorgungslogistik in Städten ein wichtiges Planungsthema. Gerade in bestehenden Stadtstrukturen müssen ein ausgewogenes Verhältnis zwischen den Mobilitätsanforderungen und eine Wertschätzung für die Nutzung des Stadtraums außerhalb von Pkw-Flächen geschaffen werden.

Bei der Veränderung von Städten ist es wichtig, einen offenen Dialog mit allen Beteiligten zu führen und ggf. Maßnahmen temporär zu erproben und zu evaluieren, denn die Komplexität der unterschiedlichsten Bedürfnisse ist oft nur durch einen diskursoffenen Prozess zu erfassen. Ebenso müssen Hintergründe und Ziele von Stadttransformationen vermittelt und diese gleichzeitig als offener Prozess verstanden werden, um durch Anpassungen bei Problemfeldern insgesamt eine hohe Akzeptanz zu erreichen. Teilweise ist es sinnvoll, Maßnahmen temporär zu installieren und die Auswirkungen auf das Stadtgefüge und die Stadtgesellschaft zu überprüfen. > Abb. 46

Partizipation

## PROJEKTENTWICKLUNG UND BEDARFSPLANUNG

Projektentwicklung

In der Phase der Projektentwicklung werden vor Beginn der Planung alle wesentlichen Parameter geklärt. So müssen ein Grundstück bzw. Bestandsgebäude als Basis gefunden, die Bedarfe abgestimmt und die Finanzen gesichert werden. Da hierbei auch die wesentlichen Projektziele definiert werden, lassen sich in dieser Phase besonders viele Parameter hinsichtlich eines klimagerechten Gebäudes ausrichten, die die folgende Planung von Beginn an anhand von klimabezogenen Entscheidungen in die richtige Richtung lenken. So können Grenzen für den $CO_2$-Ausstoß und die Ressourcenverbräuche festgelegt, Nutzungsbedingungen wie der klimaneutrale Betrieb vorgegeben oder Ziele im Rahmen einer Zertifizierung definiert werden.

Flächenbedarfsplanung

Eine wichtige Stellschraube zur Minimierung des Ressourcenverbrauchs ist das Hinterfragen und Abstimmen von Flächenanforderungen. Oft werden Flächenanforderungen abstrakt auf Basis von bereits länger abgeschlossenen Projekten, Referenzprojekten oder Statistiken als Grundlage herangezogen, ohne auf den eigenen Bedarf abgestimmt zu werden. Die Passgenauigkeit und die Frage nach einer suffizienten Nutzung können dazu führen, dass projektspezifisch eigentlich geringere Grundflächen notwendig sind. Aufgrund der hohen Emission an Treibhausgasen und Investition von Ressourcen lässt sich hierüber eine deutliche Reduktion erreichen.

Fragestellungen sind zum Beispiel:

— Wie viel Fläche braucht man wirklich?
— Gibt es eine Differenz zwischen tatsächlichem Flächenbedarf und der maximalen Flächenbereitstellung innerhalb des gesetzten Budgets?
— Was soll in einem Raum stattfinden?
— Wird der Raum durchgehend oder nur temporär genutzt?
— Kann durch multifunktionale Nutzung eine Flächenreduktion erreicht werden?
— Wie müssen Räume gestaltet werden, um eine Flächenreduktion nicht zu einer Einschränkung, sondern zu einem Mehrwert für die Nutzer:innen zu machen?
— Sind Flächen und Räume so gestaltet, dass sie flexibel umnutzbar sind?

Sofern es gelingt, statisch zugeordnete Flächen mit nur temporärer Nutzung zu reduzieren, kann meist eine gute Suffizienz der Flächen erreicht werden. > Abb. 47–48

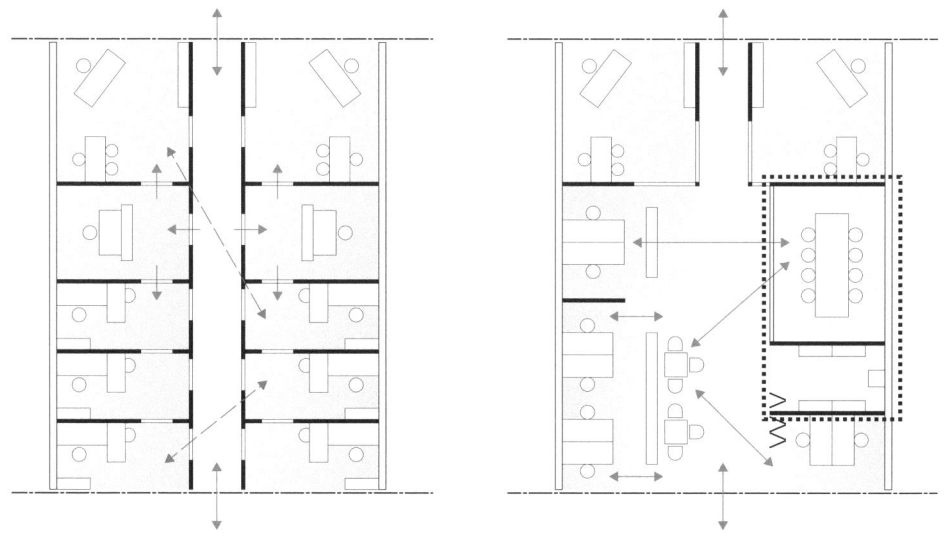

**Abb. 47:** Auflösen von Einzelbüros zur Unterbringung multifunktionaler Bereiche

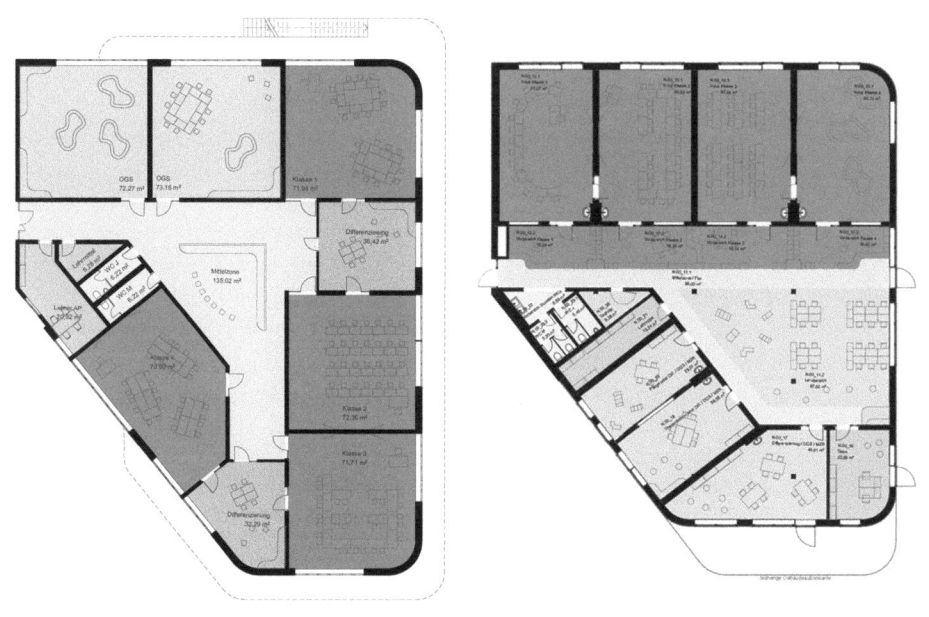

**Abb. 48:** Optimierung eines Schulgrundrisses durch gemeinsame Lernbereiche

• Dabei gibt es keine Universallösungen für verschiedene Nutzungen, sodass in jedem Projekt die Rahmenbedingungen und Möglichkeiten neu auszuloten sind. Für die Akzeptanz bei den späteren Nutzer:innen ist es wichtig, die Option zur suffizienten Gestaltung mit deren Bedürfnissen und Vorstellungen abzugleichen.

**BESTANDSANALYSE**

Plant und baut man im Bestand, so ist es wichtig, die vorhandene Bausubstanz fundiert zu analysieren, um passgenau mit dem Bestand arbeiten zu können. Folgende Analysebereiche bilden sich dabei heraus:

— Kontextanalyse
— Gebäudestruktur
— bisherige Nutzungen bzw. Veränderungen
— Schadstoffanalyse
— technische Beurteilung der Bausubstanz

Kontextanalyse
Bei einer Kontextanalyse werden Rahmenbedingungen wie stadträumliche Zusammenhänge, planungsrechtliche Bedingungen, Nutzungsmix im Umfeld, soziokulturelle Einflüsse bzw. Image des Standorts, Mobilitätsfragen und Versorgung geprüft. Dies ist selbstverständlich auch bei Neubauten notwendig. Durch gewachsene und sich verändernde Strukturen sind die Einflussfaktoren im Bestand jedoch oft heterogener und vielfältiger, sodass meist deutlich mehr Parameter bei der Planung berücksichtigt werden müssen und ggf. auch im Vorfeld Widersprüche zu klären
• sind.

Gebäudestruktur
Beschäftigt man sich mit dem Bestandsgebäude, so ist es wichtig, ein Verständnis für dessen strukturelle Prinzipien aufzubauen. Oft lassen sich anhand der alten Bauakten oder bei den damaligen Planer:innen vorhandenen Unterlagen trag- und baukonstruktive Prinzipien nachvollziehen. Sind die statischen Berechnungen für das Gebäude noch vorhanden, so können Lastannahmen, Lastabtrag, Aussteifung, Bewehrungen, Stahl-/Holzkonstruktionen oder auch nicht sichtbare Bauteile wie Fundamente gut beurteilt werden.

● **Beispiel**: In einer Schule eine offene Lernatmosphäre unter Reduktion von typischen Klassenstrukturen und separaten Nachmittagsbetreuungen zu schaffen, macht nur Sinn, wenn das Kollegium der Schule ein entsprechendes, pädagogisches Konzept verfolgen kann und möchte. Bilden Raum und Nutzung Synergien, können teilweise ungenutzte Flächen reduziert und für die Kinder deutlich bessere, individuelle Lernumgebungen geschaffen werden.

● **Beispiel**: Es kann sein, dass für eine brachliegende Industriefläche noch immer planungsrechtliche Einschränkungen über Bebauungspläne gelten, obwohl die Nutzung nicht mehr vorhanden ist. Bevor nun bestehende Flächen für einen neuen Nutzungsmix transformiert werden können, sind zunächst mit der Stadtverwaltung die planungsrechtlichen Fragen zu klären.

Nicht immer decken sich die Realitäten eines Gebäudes mit Angaben in alten Unterlagen bzw. der Bauakte oder der zur Errichtungszeit eingereichten Genehmigungsunterlagen. In der Regel werden Gebäude im Lauf ihres Lebenszyklus mehrmals angepasst. Dies kann von Reparaturen und dem Austausch einzelner Bauteile bis zur kompletten Überformung reichen. Sofern die Anpassungen nicht genehmigungsrelevant waren, sind sie häufig nicht dokumentiert und müssen selbst erfasst werden.

bisherige Nutzungen und Veränderungen

Oft finden sich in Bauakten Hinweise auf die zunächst mit der Errichtung angedachte Nutzung des Gebäudes. Diese kann sich jedoch im Laufe des bisherigen Lebenszyklus mehrfach geändert haben. Da anhand der bisherigen Nutzungen Risiken abgeleitet werden können, ob und in welcher Form zusätzliche Kontaminationen eingebracht wurden oder welche Veränderungen vermutlich zwischen Errichtungszeit und der aktuellen Situation vorgenommen wurden, sollte man versuchen, möglichst genaue Informationen zur früheren Nutzung zu erhalten.

Elementar für die Einschätzung, inwieweit die vorhandene Bausubstanz weiter genutzt werden kann, ist die Frage, ob einzelne Bauteile Schadstoffe enthalten, die zwingend aus dem Gebäude entfernt werden müssen. In den meisten Ländern gibt es klare Regelungen und Grenzwerte, die zu beachten sind. Aus der Schadstoffanalyse ergibt sich, welche Ausgangsbasis nach der Schadstoffbereinigung für die Überplanung zur Verfügung steht. > Abb. 49–50

Schadstoffanalyse

**Abb. 49: Beispiele von Schadstoffen**

| | |
|---|---|
| Asbest | (zum Beispiel in Lüftungskanälen, Decken, Putz und Brandschutzverkleidungen) |
| PCB | (polychlorierte Biphenyle, zum Beispiel in alten Lampen oder Fugen und Farben) |
| KMF | (künstliche Mineralfasern, zum Beispiel als Dämmung und Rohrisolierungen) |
| PAK | (polyzyklische aromatische Kohlenwasserstoffe, zum Beispiel in Dichtungsbahnen und Abdichtungen) |
| MKW | (Mineralölkohlenwasserstoffe, zum Beispiel in Industrieböden) |
| DDT | (Dichlordiphenyltrichlorethan, zum Beispiel in Wandfarben und Holzbeschichtungen) |
| PCP | (Pentachlorphenol, zum Beispiel als Holzschutzmittel in Holzkonstruktionen) |
| HBCD | (Hexabromcyclododecan, zum Beispiel in EPS-Dämmungen) |

■ **Tipp**: Häufig ist es ratsam, Bauteile zu öffnen oder Schürfungen vorzunehmen, um die Konstruktionsweise und die geometrische Ausführung zu überprüfen. Hilfreich ist es auch, auf typische bauzeitliche und teils einer Mode unterworfene Bauteile wie Türgriffe, Fliesen, Sanitärgegenstände, Treppengeländer und Schalter zu achten. Daraus können Rückschlüsse über die Veränderungszeiträume gezogen werden.

Abb. 50: Fotos von typischen Verdachtsstellen

technische Beurteilung der Bausubstanz

Nach der Analyse der Gebäudestruktur und der Schadstoffe muss auch die vorhandene Bausubstanz auf ihre Brauchbarkeit geprüft werden. Folgende Fragen können beispielsweise relevant sein:

— Aus welchem Material bestehen die Bauteile?
— Welche Eigenschaften hat dieses Material?
— Was erfüllt noch seinen Zweck?
— Was darf heute nicht mehr in der vorliegenden Form genutzt werden?
— Was ist beschädigt oder hat Nutzungsspuren?
— Was kann repariert und was ertüchtigt werden?
— Lassen sich Bauelemente beschädigungsfrei ausbauen und an anderen Stellen wieder einbauen?

Teilweise können Bauelemente zerstörungsfrei bewertet werden. In vielen Fällen ist es jedoch notwendig, Bauteile zu öffnen oder zu beschädigen, um verdeckte Bauteile wie Träger oder Decken beurteilen zu können oder Schichtaufbauten zu verstehen.

Ressourcenkatalog

Um ein vollständiges Bild vom Bestand zu erhalten, ist es oft sinnvoll, einen Ressourcenkatalog aufzustellen und somit das Gebäude in Gänze zu erfassen. So lassen sich Stoffströme auch bei Umbauten und notwendigen Anpassungen präzise erfassen und planen. > Abb. 51

**PLANUNGSPROZESS**

Der Zeitraum, in dem die Planung und die bauliche Umsetzung erfolgen, konkretisiert nun die Rahmenbedingungen aus der Projektentwicklung. In der Regel gibt es für die Planungs- und Bauschritte eine typische Abfolge. Während der Planung werden durch zunehmende Detailtiefe der Planungsschritte sukzessive Entscheidungen getroffen, die für die Einhaltung der Ziele und insbesondere den weiteren Lebenszyklus des Gebäude elementar sind. Dies betrifft einerseits die Gestaltung von Gebäuden,

| Bauteil-ID | | |
|---|---|---|
| Erfassungsdatum | | |
| Gebäude | | Bild |
| Etage/Raumnummer/ Raumbezeichnung | | |
| Bauteil | | |

| Anzahl | |
|---|---|
| Bauteil Unterkategorie (Bauteilbeschreibung) | |
| Hauptmaterial | |
| Andere Materialien | |
| Maße | |
| Einbauart/Bauweise/Verbindung | |
| Zustand | |
| Sonstige Beschreibung (falls Vorhanden) Verwendungszweck, Hersteller, Brandschutz, Alter, Schallschutz, tragend oder nicht, Schadstoffbelastung, ist das Bauteil der Witterung ausgesetzt, bauteilspezifische Klassen, Farbe | |

**Abb. 51: Beispiel eines Ressourcenkatalogs**

Abb. 52: Beispiele für die Gestaltung mit vorhandenen Ressourcen

andererseits ist die Entscheidung zum Einsatz von Konstruktion und Material an verschiedenen Stellen im Planungsprozess zu reflektieren.

*ressourcenschonende Gestaltungsansätze*

Zunächst stellt sich die dogmatische Frage, inwieweit Gestaltung zukünftig unabhängig von Material und Ressourcen erfolgen soll oder kann. Mit Blick auf die Ressourcenendlichkeit sind Materialen und Konstruktionen auch immer vor dem Hintergrund einer möglichst $CO_2$-armen Bereitstellung zu betrachten, sodass sie einen essenziellen Einfluss auf Gestaltung und Gestaltungsspielräume haben.

*Material- und Konstruktionsentscheidungen*

Sollen im Sinne der Zirkularität konstruktive Bauteile wiederverwendet werden, so grenzen sie zwangsläufig auch die Gestaltungsparameter und ggf. Freiheiten in der Gestaltung ein. Die Verfügbarkeit, Geometrie und Einsatzmöglichkeit bestimmen somit, welche Komposition mit diesen Elementen möglich ist. Auch ist zu berücksichtigen, inwieweit $CO_2$- und ressourcenschonende Konstruktionen im Vergleich zu einem konventionellen Massivbau andere Systemgrenzen, beispielsweise bei Tragwerken, Spannweiten, Auskragungen oder Öffnungen, aufzeigen. Konstruktions- und Materialüberlegungen sind daher frühzeitig zu integrieren.

*Nutzungsflexibilität*

Wichtig ist zudem, die für den Bedarf notwendigen Ressourcen so einzusetzen, dass über den Lebenszyklus betrachtet eine hohe Flexibilität gegeben ist. Im Lauf eines Lebenszyklus verändern sich durch wechselnde Nutzer:innen, modifizierte Anforderungsprofile oder Lebensphasen die Anforderungen an die Räume. Die Entwürfe müssen dies durch eine flexible Gestaltung und Anpassbarkeit berücksichtigen. Je einfacher Veränderungen in der Zukunft vorgenommen werden können, desto geringer ist der kommende Ressourcenverbrauch und desto länger kann die Lebensdauer von Bauteilen und Gebäuden ausfallen.

Die Berücksichtigung dieser Nutzungsflexibilität durchzieht den gesamten Planungsprozess von der ersten Grundrissgestaltung bis zur konstruktiven Durchplanung von Details. > Abb. 53 Ein schichtenweises und demontierbares Aufbauen von Konstruktionen sowie die Möglichkeit, ohne

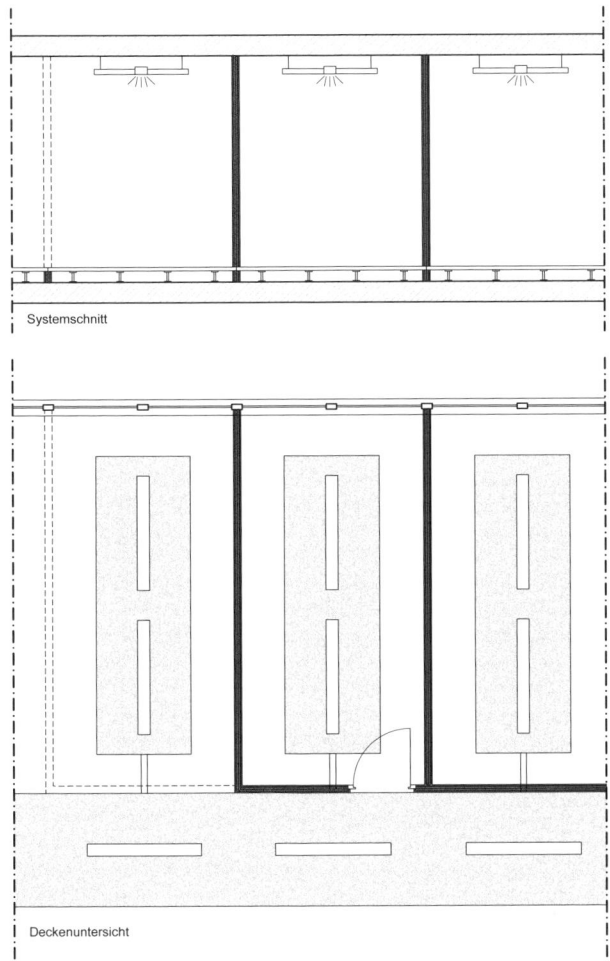

**Abb. 53: Beispiel für eine flexible Gestaltung von Zwischenwänden in Bürogebäuden**

Beschädigungen an kurzlebige Bauteile wie Leitungen oder Regelungstechnik zu gelangen, ermöglichen punktuelle und minimalinvasive Eingriffe während der Nutzungsphase.

Während des Planungsprozesses werden in zunehmender Detaillierung Entscheidungen zur Konstruktions- und Materialwahl getroffen. Ähnlich wie bei einer parallelen Begleitung des Planungsprozesses mit Blick auf die Baukosten ist es ebenso notwendig, die $CO_2$-Berechnung fortzuschreiben. Dadurch können bei Entscheidungen neben ästhetischen und konstruktiven Kriterien auch direkt Auswirkungen auf die $CO_2$-Reduktion berücksichtigt werden. Somit können während der Planung selbstgesetzte oder durch externe Rahmenbedingungen bzw. Gesetze vorgege-

*planungsbegleitende $CO_2$-Berechnung*

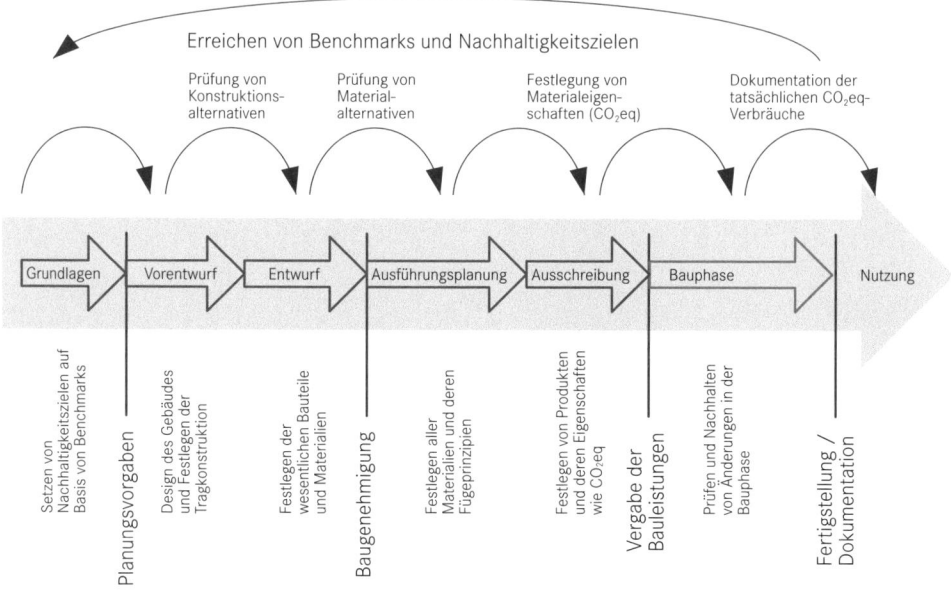

Abb. 54: Nachjustieren im Planungsprozess, um $CO_2$-Ziele zu erreichen

bene Ziele erreicht werden. Bei Abweichungen lässt sich immer wieder nachjustieren. > Abb. 54

BIM-Implementierung   Wird die Planung auf Basis der Building-Information-Modeling-Methode (BIM) durchgeführt, können $CO_2$-Werte direkt an die Bauteile bzw. Baustoffe des digitalen Zwillings angehängt werden. Somit ist eine direkte Wirkungseinschätzung möglich, wenn zum Beispiel Baustoffe gewechselt werden. Zudem bietet dies die Möglichkeit, mit ergänzender Software direkt auf die ifc-Dateien des BIM-Modells zugreifen und so weitere Nachhaltigkeitssimulationen unmittelbar auf Basis des BIM-Modells durchzuführen.

■ **Tipp:** Als Datenschnittstelle wird bei BIM-Modellen das Format „Industry Foundation Classes" (ifc) genutzt, womit sich Modelle inklusive aller anhängenden Informationen zwischen Programmen austauschen lassen. Damit können Architektur- und Fachplanungsmodelle abgeglichen werden und spezialisierte Programme, etwa zur Nachhaltigkeitsberechnung, direkt auf aktuelle Datengrundlagen zurückgreifen, ohne dass Mengen manuell ermittelt bzw. aktualisiert werden müssten.

## BAUPROZESS

Auch wenn die Planung die wesentlichen Stellschrauben beinhaltet, lassen sich mit der Vorbereitung und Durchführung des Bauprozesses weitere nachhaltige Aspekte und eine $CO_2$-arme Umsetzung implementieren. Dies betrifft vor allem die Vertragsgestaltung mit den ausführenden Bauunternehmen und die konkrete Abwicklung der Baumaßnahmen auf der Baustelle.

Sofern im Planungsprozess zielbezogen eine $CO_2$-Berechnung fortgeschrieben wurde, sind für einzelne Baustoffe und Konstruktionen entsprechende Verbräuche angesetzt worden. Um diese auch realisieren zu können, ist es notwendig, sie mit den ausführenden Bauunternehmen vertraglich zu vereinbaren. So sind in der Leistungsbeschreibung entweder konkrete Materialien oder bei produktneutraler Ausschreibung materialbezogene maximale $CO_2$-Äquivalenzwerte vorzugeben. Ebenso sollte der Umgang mit Abfall und Materialverschnitt bereits im Vertrag geregelt werden.  Bausolldefinition

Die ausführenden Bauunternehmen müssen dann über entsprechende Gütesiegel oder die EPD-Nachweise der Hersteller die Einhaltung der vertraglichen Grenzwerte nachweisen.

In der Bauphase stellen Baustellenabfälle ein großes Problem dar. Gerade bei Stahlbetonarbeiten mit Ortbeton fallen sehr viele Abfälle wie Schalungen, Abstützungen, Bewehrungsverschnitt oder überschüssiger Beton an. Diese Abfälle können durch Teilfertigelemente oder Fertigteile deutlich reduziert werden.  Ressourcenverbrauch auf der Baustelle

Unabhängig von einer abfalloptimierten Baustellenführung werden die meisten Stellschrauben bereits in der Planung festgelegt. Werden beispielsweise Fassadenraster geplant, die nicht mit den Liefergrößen von Plattenbaustoffen abgeglichen sind, so entsteht erheblicher Verschnitt an neu produzierten Baustoffen, die ohne Nutzungsphase direkt als Abfall verwertet werden müssen.

> ○ **Hinweis:** Teilfertigelemente sind im Werk passgenau auf dauerhaft genutzten Stahlschalungen vorbereitete Betonscheiben von wenigen Zentimetern Dicke, die vor Ort aufgestellt und mit Beton vergossen werden. Durch die Serienfertigung im Werk fällt im Vergleich zur Baustellenfertigung nur ein geringer Anteil an Abfallmaterial an.

Abb. 55: Baustellenabfall

Zero Waste

Ziel aller planerischen Vorgaben und der Umsetzung auf der Baustelle sollte es daher sein, möglichst wenig Abfälle zu produzieren und den Materialeinsatz so zu planen, dass der Verschnitt, der Verbrauch von Hilfsbaustoffen und der Einsatz von Energie auf der Baustelle minimiert werden. Der als „Zero Waste" bezeichnete Ansatz spielt neben der Bauphase auch für die weitere Nutzungsphase und das Ende des Gebäudelebenszyklus eine wichtige Rolle.

## BLICK AUF DIE NUTZUNGSPHASE

Bereits während des Gestaltungsprozesses in der Planung sind die Belange der Nutzungsphase zu berücksichtigen, um einen möglichst reibungslosen Betrieb zu gewährleisten. Gerade die Wartungsfreundlichkeit und Erreichbarkeit von Bauteilen ist dabei wesentlich. Wird dies nicht bereits in der Planungsphase berücksichtigt, bedingen Probleme in der Nutzungsphase eine rasche Anpassung der baulichen Gegebenheiten.

Facility Management

Architekt:innen sollten daher alle räumlichen Gegebenheiten, Konstruktionen und Installationen während der Planung reflektieren und entsprechende Zugänglichkeiten, Wartungs- und Reinigungsmöglichkeiten beachten. Bei größeren Auftraggeber:innen gibt oft ein professionelles Facility Management, das sich um den Betrieb und Erhalt der Gebäude kümmert. In diesem Fall lassen sich Planungen und Bauteile mit der Sichtweise des späteren Betriebs abgleichen.

● **Beispiel**: Rauchmelder in Abhangdecken müssen regelmäßig auf ihre Funktionstüchtigkeit überprüft werden. Daher ist es notwendig, sie zum Beispiel durch Revisionsklappen in der Decke gut zugänglich zu gestalten. Hat die Abhangdecke eine geringe Höhe, so reicht eine kleine Klappe direkt unterhalb des Rauchmelders. Muss eine Person zum Erreichen des Rauchmelders mit dem Oberkörper in den Hohlraum gelangen können, so sollte die Klappe mindestens 60 × 60 cm groß sein.

Sobald ein Gebäude in Betrieb genommen wird, sind verschiedene  Nutzung
Wartungs-, Renovierungs- und ggf. Umbauzyklen zu beachten. Viele mechanischen oder elektrisch angesteuerte Bauteile bedürfen einer regelmäßigen Wartung, um ihre Funktionstüchtigkeit dauerhaft zu gewährleisten.  ○

Erreichen Bauteile das Ende ihres Lebenszyklus, so sind sie auszutauschen bzw. instand zu setzen. Auch diese Phase sollte bereits in der Planung berücksichtigt werden, sodass sich beispielsweise Lüftungsgeräte über entsprechende Einbringöffnungen austauschen oder Leuchtmittel sich auch in mehrgeschossigen Hallen wechseln lassen.

Lassen sich mit der ursprünglichen Planung vorgesehene Nutzungs-  Umbau
skripte nicht mehr aufrechterhalten, sind Anpassungen an den Bauteilen, der Technik oder der Grundrissstruktur vorzunehmen. Um hierfür die Hürden möglichst gering zu halten, sollten die Baukonstruktion und die Unterbringung der Technik bereits in der Planungsphase entsprechend vorausschauend konzipiert werden. > Kap. Planungsprozess

Umbauphasen können nur leichte Anpassungen umfassen, im Fall einer kompletten Umgestaltung aber auch an den Umfang von Neubauten heranreichen. Insbesondere wenn durch Zwänge wie Schadstoffbefunde oder Erneuerung der Technik noch intakte Bausubstanz zerstört werden muss, erzeugt dies Hürden, hohe $CO_2$-Ausstöße und in der Regel
auch hohe Kosten.  ●

Erst wenn sich durch Instandsetzung und Umbau keine neuen Nutzungs-  Abbruch
zyklen mehr erreichen lassen, sollte ein Gebäude abgebrochen werden. In der Praxis sind dafür jedoch oft viele andere Gründe ausschlaggebend.  ○

Je mehr der Lebenszyklus von Gebäuden zukünftig in möglichst optimierten Kreisläufen gedacht wird, desto umwelt- und klimaschonender wird das Bauen sein. Eine wesentliche Stellschraube für zukünftige Ressourcenverbräuche sind einerseits eine vorausschauende Planung und Umsetzung von Baumaßnahmen, andererseits müssen Architekt:innen und Auftraggeber:innen sich auf das Bestehende fokussieren.

---

○ **Hinweis:** Typische Bauteile sind Türen, Fenster, Sonnenschutz, Wärmeerzeuger, Lüftungsanlagen, Gefahrenmelder, Detektoren, Abwasseraufbereitung, Küchen- und Anlagentechnik und Aufzüge. In vielen Ländern werden aus Sicherheitsgründen gesetzliche Wartungszyklen verbindlich vorgegeben. Für einen langfristigen Funktionserhalt muss häufig weitaus öfter gewartet werden.

● **Beispiel:** Liegen in einem Bürogebäude Datenkabel ohne Revisionsmöglichkeit unterhalb des Putzes und des Estrichs, so müssen diese Bauteile im Fall eines Austauschs zerstört werden. Sind Kabel in Leerrohren, Schächten, Datendosen oder Brüstungskanälen untergebracht, ermöglicht dies den zerstörungsfreien Austausch.

○ **Hinweis**: Oft werden Gebäude abgebrochen, weil Risiken im Bestand auf den ersten Blick höher erscheinen, ein Grundstück mit einem Neubau optimaler genutzt wäre, Grundrisse nicht mehr den aktuellen Anforderungen entsprechen oder die Architektursprache den Entscheidungsträgern schlichtweg nicht mehr zeitgemäß erscheint. Hier ist es die Aufgabe von Architekt:innen, Lösungswege und Potenziale im Bestand darzustellen.

# Schlusswort

In diesem Band wurde eine Vielzahl von Anknüpfungspunkten und Stellschrauben dargestellt, ohne dass sie im begrenzten Umfang dieses Buchs im Detail vertieft werden konnten. Das Buch zeigt den Leser:innen Inspirationen für eigene Schwerpunktsetzungen und die Vielfalt auf, wie wir mit den enormen Herausforderungen, die der Klimawandel an das Bauwesen stellt, kreativ und individuell umgehen können. So gibt es nicht die eine richtige Lösung für das Problem, sondern einen Mix aus Methoden und Strategien, die projektspezifisch auf ihre Umsetzbarkeit geprüft werden müssen. Mit dem übergeordneten Ziel, auch im Kleinen möglichst ressourcen- und klimaschonend zu agieren, braucht es den Willen zur Veränderung und manchmal auch das Wagnis, eingetretene Pfade zu verlassen, um neue Dinge auszuprobieren oder zu entwickeln.

Wir stehen mit Blick auf den fortschreitenden Temperaturanstieg allerdings erst am Anfang eines zwingenden Paradigmenwechsels. Er wird das Planen und Bauen mit Blick auf die Ästhetik, die Wertigkeit des Bestands, die Konstruktionsweisen, die Materialien und eine neue architektonische Haltung prägen wie keine Epoche zuvor. Es muss und wird noch viele Neuerungen geben und viele sich ändernde Anforderungen an Auftraggeber:innen und Planer:innen. Sich darauf einzulassen und den Prozess aktiv mitzugestalten, ist wesentlich für einen spürbaren Wandel hin zu einer dekarbonisierten Welt. Dabei sind es nicht die großen Entscheidungen der UN-Klimakonferenzen oder übergeordnete Gesetzgebungsverfahren, die den Wandel erzwingen können. Vielmehr muss jede:r von uns an diesem Wandel mitwirken und anderen Inspiration und Motivation geben, sich zu beteiligen.

Das Buch versteht sich somit als Überblick und soll Interesse wecken, sich mit einzelnen Aspekten tiefergehend zu beschäftigen und diese in die eigene Arbeit zu integrieren.

# Anhänge

**WEITERFÜHRENDE LITERATUR**

**Allgemeine Literatur zum Klimawandel**
UN-Klimaberichte des *Intergovernmental Panel on Climate Change* (IPCC)
Club of Rome (Hrsg.): *Earth for All: Ein Survivalguide für unseren Planeten*, oekom Verlag 2022
Sommer, B./Welzer, H.: *Transformationsdesign – Wege in eine zukunftsfähige Moderne*, oekom Verlag 2017

**Literatur zum Planen und Bauen**
BKI (Hrsg.): *Konstruktionsatlas*, BKI 2023
Cardelus Vidal, C.: A Second Life for Buildings, monsa 2022
Röhlen, U./Ziegert, C.: *Lehmbau-Praxis*, Beuth-Verlag 2020
El khouli, S./John, V./Zeumer, M.: *Nachhaltig konstruieren*, Detail Greenbooks 2014
Hauke, B. (Hrsg.): *Nachhaltigkeit, Ressourceneffizienz und Klimaschutz*, Ernst&Sohn 2021
Hebel,, D./Wappner, L. et al.: *Sortenrein Bauen*, Edition Detail 2023
Heisel, F./Hebel, D: *Urban Mining und kreislaufgerechtes Bauen*, Fraunhofer IRB Verlag 2021
Heisel, F./Hebel, D: *Besser – Weniger – Anders Bauen: Energiewende und Digitale Transformation*, Birkhäuser 2023
Hillebrandt, A./Riegler-Floors, P./Rosen, A./Seggewies, J.-K.: *Atlas Recycling*, Edition Detail 2021
Hofmeister, Sandra (Hrsg.): *Holzbauten/Timber Buildings*, Edition Detail 2022
Kaufmann, H./Krötsch, S./Winter, S.: *Atlas Mehrgeschossiger Holzbau*, Birkhäuser 2017
Ludwig, F./Schönle, D.: *Wachsende Architektur*, Birkhäuser 2023
Minke, G./Krick, B.: *Handbuch Strohballenbau*, ökobuch 2014
Nagler, F. (Hrsg.): *Einfach Bauen – Ein Leitfaden*, Birkhäuser 2022
Sobek, W.: *non nobis – über das Bauen in der Zukunft*, avedition 2022
Steiger, L.: *Basics Holzbau*, Birkhäuser 2021
Watson, J.: Lo-TEK, *Design by Radical Indigenism*, Taschen 2020
ZHAW (Hrsg.): *Bauteile wiederverwenden*, Park books 2021

**NACHWEISE ZU DEN ABBILDUNGEN**

Abb. 1: Datenquellen: Climate College (2016): Historical greenhouse gas concentrations for climate modelling (CMIP6), Met Office (2022): HadCrut4 Data. www.metoffice.gov.uk, NOAA (2022): Trends in Atmospheric Carbon Dioxide. www.gml.noaa.gov

Abb. 2: Datenquelle: IPCC Climate Change report 2014

Abb. 3: in Anlehnung an: Bundesministerium für Wirtschaft und Klimaschutz (BMWK) 2022 „Klimaschutz in Zahlen", Abb. 7

Abb. 4: Datenquelle: EEA, Europäische Kommission

Abb. 5: Datenquelle: IPCC Climate Change report 2014

Abb. 6: Datenquelle: IPCC Climate Change report 2014

Abb. 7: in Anlehnung an: Will Steffen 2015/Linn Persson 2022/Wang-Erlandsson 2022

Abb. 8: Quelle: UN, United Nations Department of Global Communications

Abb. 9: in Anlehnung an: Kate Raworth, Die Donut-Ökonomie, 2018

Abb. 10: Datenquelle: IPCC Climate Change report 2014

Abb. 11: Datenquelle: DGNB 2021, „Benchmarks für die Treibhausgasemissionen der Gebäudekonstruktion"

Abb. 12: Datenquelle: kumulierte EPD-Angaben verschiedener Hersteller

Abb. 13: Datenquelle: Umweltbundesamt

Abb. 14: Datenquelle: BMWK, „Energiedaten: Gesamtausgabe" 2022

Abb. 15: in Anlehnung an: Kalusche, Wolfdietrich: Kostenplanung beim Altbau, in: Deutsches Architektenblatt, 05/2007, S. 64–66

Abb. 17: Datenquelle: Zimmermann/Reiser 2020

Abb. 18: Datenquelle: Our World in Data/Statistical Review of World Energy & Ember

Abb. 19: Datenquelle: Greenpeace

Abb. 32: Datenquelle: BNB

Abb. 33: in Anlehnung an: BNB, Nutzungsdauern von Bauteilen

Abb. 37: Datenquelle: ÖKOBAUDAT

Abb. 39: Datenquelle: Statistisches Bundesamt (destatis) 2023

Abb. 40: Datenquelle: Kreislaufwirtschaft Bau 2023

Abb. 42: Foto links "Paulownia" von Jan Alonso unter der Lizenz CC BY-SA 2.0 DEED via Flickr

Abb. 43: Foto links "Straw Bale Wall Construction" von Chris Rubber-Dragon unter der Lizenz CC BY-SA 2.0 DEED via Flickr; Foto Mitte "detail of the structure" von Nicolás Boullosa unter der Lizenz CC BY 2.0 DEED via Flickr; Foto rechts Von Nicolás Boullosa from Paris, France – plane tree cube is a solid steel structure covered by a skin of living plane tree branches, CC BY 2.0 via Wikipedia

Abb. 45: Foto links "Carrer Consell" von Cataleirxs unter der Lizenz CC BY-SA 4.0 DEED via Wikimedia

Abb. 46: Foto links "Pop-up-Bikelaine" von Onnola unter der Lizenz CC BY-SA 2.0 DEED via Flickr; Foto rechts von Toniher unter der Lizenz CC BY-SA 3.0 DEED via Wikimedia
Abb. 47: Björn Vierhaus
Abb. 51: Studierende der Universität Siegen, Wintersemester 2023, Wahlmodul „Urban Mining"
Abb. 56: Foto links "Concrete Waste" von Santeri Viinamäki unter der Lizenz CC BY-SA 4.0 DEED via Wikimedia

Ein besonderer Dank gilt Katharina Schreider und Jana Steuer für die Unterstützung bei der Erstellung der Abbildungen.

**ZUM AUTOR**

Prof. Dr.-Ing. Architekt Bert Bielefeld lehrt an der Neuen Architekturschule Siegen (NAS) der Universität Siegen. Zudem ist er geschäftsführender Partner des Planungsbüros bertbielefeld&partner architekten in Dortmund.

Reihenherausgeber: Bert Bielefeld
Konzept: Bert Bielefeld, Annette Gref
Lektorat: Simone Hübener
Projektkoordination: Regina Herr
Herstellung: Amelie Solbrig
Layout, Covergestaltung: Andreas Hidber
Satz: Sven Schrape, Berlin

Papier: Magno Natural, 120 g/m²
Druck: Beltz Grafische Betriebe

Library of Congress Control Number: 2024934673

Bibliografische Information der Deutschen Nationalbibliothek
Die Deutsche Nationalbibliothek verzeichnet diese Publikation in der Deutschen Nationalbibliografie; detaillierte bibliografische Daten sind im Internet über http://dnb.dnb.de abrufbar.

Dieses Werk ist urheberrechtlich geschützt. Die dadurch begründeten Rechte, insbesondere die der Übersetzung, des Nachdrucks, des Vortrags, der Entnahme von Abbildungen und Tabellen, der Funksendung, der Mikroverfilmung oder der Vervielfältigung auf anderen Wegen und der Speicherung in Datenverarbeitungsanlagen, bleiben, auch bei nur auszugsweiser Verwertung, vorbehalten. Eine Vervielfältigung dieses Werkes oder von Teilen dieses Werkes ist auch im Einzelfall nur in den Grenzen der gesetzlichen Bestimmungen des Urheberrechts-

gesetzes in der jeweils geltenden Fassung zulässig. Sie ist grundsätzlich vergütungspflichtig. Zuwiderhandlungen unterliegen den Strafbestimmungen des Urheberrechts.

Auf die Lesbarkeit unserer Texte legen wir großen Wert. Aus diesem Grund wird im vorliegenden Buch in Fällen, wo es für die leichtere Lesbarkeit nötig ist, die männliche Sprachform bei personenbezogenen Substantiven und Pronomen verwendet. Dies ist im Sinne der sprachlichen Vereinfachung als geschlechtsneutral zu verstehen.

ISBN 978-3-0356-2755-8

e-ISBN (PDF) 978-3-0356-2758-9
Englische Print-ISBN 978-3-0356-2756-5

© 2024 Birkhäuser Verlag GmbH, Basel
Im Westfeld 8, 4055 Basel, Schweiz
Ein Unternehmen der Walter de Gruyter GmbH, Berlin/Boston

9 8 7 6 5 4 3 2 1
www.birkhauser.com